Grammaire et Expression

VOCABULAIRE

4e/3e
TECHNOLOGIQUES

SERGE LEROY

LOUIS RABIER

MICHELLE HAUPERT

Livre du professeur

NATHAN

ISBN : 2-09-177203-8

Présentation

Ce livre du professeur présente les corrigés des différents exercices, qui peuvent bien sûr correspondre à plusieurs utilisations : intégration dans le cours de la leçon (évaluation formative), contrôle en fin de leçon, contrôles ultérieurs (évaluation sommative).
Il donne également les réponses à deux types de questions qui sont intégrées aux leçons de grammaire.
Le premier type de question se situe immédiatement après le document support de la leçon : texte, bande dessinée, publicité, etc.
Il est important de saisir que les réponses à ces questions vont fournir au professeur le matériau sur lequel il pourra bâtir sa leçon, en y ajoutant éventuellement d'autres exemples. Ceci implique bien sûr une démarche inductive plus vivante et plus formative qu'un cours *ex cathedra*.
Le contenu de la leçon présenté ensuite est très structuré de manière à faciliter la vision d'ensemble de la leçon.
Il ne constitue pas un tout à suivre à la lettre et ne peut pas remplacer le dialogue avec la classe que constitue toute leçon. Il est simplement une aide pour faciliter la présentation et l'organisation du savoir.
Chacune des grandes parties de la leçon (trois parties, par exemple, pour la leçon sur le langage) s'achève par deux ou trois questions très simples en bleu, en relation avec le texte support. L'objectif de ces questions est une vérification rapide de l'acquis du point qui vient d'être étudié.

Présentation

1 Le langage (p. 6 à 9)

Grammaire

Document

1re vignette : – 1re bulle : qui parle ? Mickey.
À qui ? À Génius.
Mickey demande à Génius de garder la maison.
– 2e bulle : qui parle ? Génius.
À qui ? À Mickey et Dingo.
Il dit qu'il est d'accord. Il cherche à les rassurer.

2e vignette : – 1re bulle : qui parle ? Génius.
À qui ? Au voleur.
Il lui dit que la porte est de l'autre côté. Son intention est de montrer au voleur qu'il est là.
2e bulle : qui parle ? Le voleur.
À qui ? À Génius.
Il veut lui montrer qu'il n'a pas peur de lui en répondant avec humour qu'il n'a pas la clé.

1 La situation de communication

– Ordre des bulles dans la 2e vignette : 1. « Hé ! La porte… »
2. « J'ai pas la clé »
– 1re vignette : (1re bulle) émetteur : Mickey ; récepteur : Génius,
(2e bulle) émetteur : Génius ; récepteurs : Mickey et Dingo.
– 2e vignette : (1re bulle) émetteur : Génius ; récepteur : le voleur,
(2e bulle) émetteur : le voleur ; récepteur : Génius.
– Canal : la voix humaine.

2 Les fonctions du langage

- Fonction expressive : « Y'a pas meilleur chien de garde que moi, les amis ! »
- Fonction référentielle : « La porte, c'est de l'autre côté ! »
- Fonction conative : « Tu surveilles la maison ! »

3 Les registres de langue

Registre familier : « Y'a pas meilleur chien de garde que moi, les amis ! », « J'ai pas la clé ! ».

Exercices

1. a) Émetteur : la société qui fabrique le vinaigre de vin vieux Maille,
Récepteurs : les lecteurs des journaux et revues où apparaît cette page publicitaire,
Référent : le vinaigre de vin vieux Maille.
Canal : la publicité écrite et imagée.
b) La fonction conative.

2. 1 – référentielle, 2 – référentielle, 3 – conative, 4 – poétique, 5 – expressive, 6 – conative, 7 – conative, 8 – référentielle.

3. Mise en œuvre de la fonction conative.

4. a) Fonction : conative.
b) Repères : l'emploi du mode impératif et l'emploi de la 2e personne du pluriel.

5. 1 – soutenu, 2 – soutenu, 3– familier, 4 – courant, 5 – soutenu, 6 – familier.

6. 1 – Terminologie de l'audiovisuel : magnétoscope Akaï VS-G 815, têtes vidéo, enregistrer, TF1, son stéréo, qualité numérique, entrées vidéo, doublage son, Show View, cristaux liquides, trappe-cassette.
2 – Terminologie de l'électricité : phénomènes électriques, électrons, noyaux atomiques, forces électriques, lumière, onde électromagnétique.

1. L'origine des mots français (p. 10)

Vocabulaire

Exercices

1. Emprunts à l'arabe : les croisades.
Emprunts à l'italien : la Renaissance.

2. La plupart des mots français sont d'origine latine.

3.

Latin	Italien	Arabe	Anglais
image hôtel résumer	caprice concert fresque pittoresque	abricot zéro chiffre	match record pull-over

1. Préparation à la dictée (p. 11)

1. *-er* ou *-é* ?
1 – Une porte doit être ouverte ou fermée. 2 – Il faut fermer cette porte. 3 – La tente était fermée par un rideau transparent. 4 – Je vais faire fermer ce passage. 5 – Les autorités avaient fermé les yeux sur l'incident. 6 – Il est interdit de fermer cette porte. 7 – Nous aurons bientôt tout fermé. 8 – Ce n'était que boutiques fermées, trottoirs déserts.

2. *Sans* ou *s'en* ?
1 – J'ai acheté un pull sans manches. 2 – Nos bons conseils ? Julien s'en moque. 3 – Trois jours sans boire et sans manger. Pourront-ils s'en remettre ? 4 – Sans ses camarades, il s'ennuie. 5 – Il risque maintenant de s'en prendre à vous.

3. Les mots commençant par *ef-*
face, effacer ; front, effronté ; frayeur, effrayer ; flanc, efflanqué ; féminin, efféminé ; fond, effondrer.

1. Le paragraphe (p. 12 et 13)

Expression écrite

Exercices

1. a) Les lapins, le hibou.
b) Paragraphe 1 : – Annonce du thème : les lapins.
– L'installation des lapins.
– Les lapins vus par l'auteur.
– La réaction des lapins.
– Le sentiment de l'auteur à l'égard des lapins.
Paragraphe 2 : – Annonce du thème : le hibou.
– Le hibou vu par l'auteur.
– La réaction du hibou.
– Le sentiment de l'auteur à l'égard du hibou.
– Le partage des lieux avec le hibou.

2. a) et b) Cinq paragraphes et leur thème :
– « C'était .... rubans » : présentation (époque – lieu).
– « L'auberge .... s'accommoder » : l'auberge.
– « L'aubergiste .... s'endormir » : l'aubergiste et sa petite fille.
– « Ses compagnons .... ventre creux » : la misère.
– « Un soir .... table » : l'arrivée d'un compagnon.

3. a) et b) Quatre paragraphes : présentation (circonstances – lieux), personnages, lieux, installation.

2 Le récit et le discours (p. 14 à 17)

Grammaire

Document

TEXTE 1 : Temps :
– verbes au présent ; ex. : fait, change ;
– verbes au passé composé ; ex. : a mis, ont acheté ;
– verbes à l'imparfait ; ex. : croyais ;
– verbes au conditionnel présent ; ex. : serait ;
– verbes au futur ; ex. : ira, serai installé.

Personne :
– 3e personne du singulier ; ex. : on m'a ..., il assume ;
– 1re personne du singulier ; ex. : je croyais, je ne suis pas...
– 2e personne du singulier ; ex. : tu réussis, tu es...
– 1re personne du pluriel ; ex. : ils ont acheté.

TEXTE 2 : Temps :
– Passé simple ; ex. : rencontra, rougit ;
– Imparfait ; ex. : sortait.

Personne :
– 3e personne du singulier ; ex. : elle rencontra...
– 3e personne du pluriel ; ex. : se trouvèrent...

1 Définitions

– 1er texte : discours,
– 2e texte : récit.

2 Les indices du discours

– Verbe au présent : il assume,
– Verbe au futur : ça ira,
– Verbe au passé composé : on m'a mis,
Indice de temps du discours : à présent.

3 Les indices du récit

Passé simple : dit, se trouvèrent, laissa, ramassa.
Indice de temps du récit : le lendemain.

Exercices

1. TEXTE 1 : a), b) et c) **Attends** : présent de l'indicatif, sujet ; **héla** : passé simple ; **grouille** : présent de l'impératif ; **ai** : présent, pronom sujet « j » ; **a** : présent, pronom sujet « il » non exprimé ; **pourrait** : conditionnel présent, pronom sujet « ça » ; **viens** : présent de l'impératif ; **continuèrent** : passé simple, pronom sujet : tous ; **étaient** : imparfait, pronom sujet « c' » ; **limitai**t : imparfait ; **tombaient** : imparfait ; **s'accentuait** : imparfait, pronom sujet « qui » ; **devenait** : imparfait ; **était** : imparfait ; **couraient** : imparfait ; **donnait** : imparfait ; **se prolongeait** : imparfait, pronom sujet « qui » ; **était dévorée** : imparfait ; **venait** : imparfait.
d) Indices de temps : un matin d'octobre, de temps à autre, d'abord, par intervalles.
e) Type d'énoncé : récit.

TEXTE 2 : a), b) et c) **Sont** : présent ; **est** : présent ; **diminuent** : présent ; **restent** : présent ; **peuvent** : présent ; **peut** : présent sujet impersonnel « il » ; **accouche** : présent, sujet « qui » ; **ont** : présent, sujet « qui » ; **êtes** : présent, sujet « vous » ; **souvenez-vous** : présent ; **ont** : présent ; **avez... donné** : passé composé, sujet « vous » ; **êtes** : présent, sujet « vous » ; **est** : présent, sujet « c' » ; **est** : présent ; **précède** : présent ; **adressez-vous** : présent ; **appelez** : présent.
d) – Indices de temps : chaque jour, en période de vacances, le moment d'y penser, jamais, entre neuf heures et dix-huit heures, du lundi au vendredi.
– Indices de lieu : autour de chacun de nous, le plus proche.
e) Type d'énoncé : discours.

TEXTE 3 : a) et b) **Fit** : passé simple ; **venait** : imparfait ; **avaient** : imparfait ; **fut** : passé simple ; **réveillèrent** : passé simple ; **voyaient** : imparfait ; **était** : imparfait ; **répétait** : imparfait.
c) Les pronoms sujets : néant.
d) – Indices de temps : le 15 mai 1796, après tant de siècles, huit jours encore avant, toujours, trois fois la semaine.
– Indices de lieu : dans Milan, le pont de Lodi, devant les troupes.
e) Type d'énoncé : récit.

2. a) Le premier et le dernier paragraphe appartiennent au type d'énoncé du récit.

b) – « **on fait un petit détour… demi-sourire** » : présent, 1re et 2e personnes, donc discours rapporté.

– « La **voiture cellulaire s'arrêta…** » : passé simple et imparfait, 3e personne, donc récit.

– « **Ce ne sera… dit Gerbier** » : futur et présent, 1re personne du singulier (« mon collègue ») donc discours rapporté.

– « **Le gendarme… menottes** » : passé simple et imparfait, 3e personne, donc récit.

– « **Vous ne serez pas mal… s'écria le gendarme** » : futur, présent, conditionnel, imparfait, passé composé, 1re et 2e personne donc discours rapporté sauf les quelques incises qui rappellent que l'on est dans un cadre de récit : « **dit le gendarme** », « **dit Gerbier** », « **expliqua le gendarme** », « **remarqua Gerbier** » et « **s'écria le gendarme** ».

2. La vie des mots (p. 18)

Vocabulaire

Exercices

1. Croissant : du latin *crescere*, temps pendant lequel la lune est croissante, forme de la lune à ce moment-là, emblème qui figure sur le drapeau turc.
1683 : les Turcs sont vaincus à Vienne par le roi de Pologne. Les Autrichiens fabriquent alors un petit pain dont la forme reproduit l'emblème du drapeau des vaincus.

2. – Rôle : du bas latin *rotulus* (rouleau, manuscrit roulé, texte appris par un acteur, personnage représenté par cet acteur).
– Carburant : du latin *carbo* (charbon), carbone, carbure, carburant.
– Bureau : du latin populaire *bûra* (bourre), étoffe (bure), meuble sur lequel on pose un petit morceau de bure, pièce dans laquelle on place ce meuble.
– Grève : du latin populaire *grava* (sable – gravier), plage de sable, Place de Grève au bord de la Seine où se réunissaient les ouvriers qui attendaient du travail, cessation concertée du travail.
– Ruche : du bas latin *rusca* (écorce), abri des abeilles confectionné avec des écorces.
– Boucher : du celtique *bûcco* (bouc), celui qui vend de la viande de bouc, celui qui vend de la viande.
– Panier : du latin *panarium* (corbeille à pain), corbeille munie d'une anse, contenu de cette corbeille.

2. Préparation à la dictée (p. 19)

1. La place du sujet

1 – Sujet du verbe *rentrent* : les blancs voiliers.
2 – Sujet du verbe *avez* : vous.
3 – Sujet du verbe *parvenait* : une espèce de rumeur sourde.
4 – Sujet du verbe *montait* : un petit filet de fumée.

2. *n* ou *m* devant *b*, *m*, *p*.

1 – un e*m*prunt. 2 – un e*m*bouteillage. 3 – un trio*m*phe. 4 – une bo*m*be. 5 – un bo*n*bon. 6 – une o*m*bre. 7 – l'e*m*bo*n*point. 8 – i*m*mobile. 9 – i*m*primerie. 10 – bo*n*bonnière.

3. La famille de *battre*

1 – Déba*tt*re. 2 – comba*tt*ant. 3 – aba*tt*re. 4 – comba*t*if. 5 – ba*tt*ement. 6 – ba*tt*ant. 7 – raba*tt*eur. 8 – comba*t*ivité. 9 – reba*tt*re. 10 – comba*tt*re. 11 – ba*tt*oir. 12 – ba*tt*age.

2. La construction d'un plan (p. 20 et 21)

Expression écrite

Exercices

1. a) Sujet de réflexion.

b) Consigne : «Après avoir examiné les deux points de vue, vous donnerez votre propre opinion.»

c) Vous donnerez.

d) Plan sommaire : 1) Examen des deux points de vue,
2) Votre propre opinion.

2. Quelques pistes pour aider à l'élaboration d'un plan détaillé personnel (il n'y a pas de modèle type).

1) Examen des deux points de vue

a) ceux qui croient à l'astrologie :

– Influence de la lune sur les marées.
– Relations entre les phénomènes sidéraux et la vie des hommes.

Ex. : perturbations terrestres lors des périodes d'effervescence solaire.

– Constats fondés sur l'expérience : semailles et plantations en relation avec les phases de la lune, etc.

2) Point de vue personnel

Ne pas tomber dans l'excès :

– L'excès de ceux qui attendent un miracle quotidien en lisant ou en écoutant leur horoscope. Leur naïveté est souvent déçue.
– L'excès de ceux qui nient catégoriquement, sans les étudier, les corrélations entre les phénomènes sidéraux et la vie des hommes.

3 Le discours rapporté (p. 22 à 25)

Grammaire

Document

– Trois personnages.
– Manière directe : Madame Maigret, Maigret,
– Manière indirecte : le ministre Point.

1 Le discours direct

– Discours direct : Madame Maigret, Maigret.
– Par la ponctuation.

2 Le discours indirect

- «Si j'étais la bonne» (ligne 16).
- Répondre (ligne 16), demander (ligne 16), dire (ligne 17).
- «Il s'est excusé, a voulu savoir où tu étais, quand tu rentrerais» (lignes 17 et 18).

Exercices

1. a) Guillemets, tirets, points d'interrogation.

b)

Discours direct	Discours indirect
«Je m'en priverai pas»	«De ne pas le faire»
«Pourquoi ?»	«Que les instituteurs, ça va toujours en vacances»
«Je m'en fous complètement»	«Que ton père c'était celui des bartavelles»
	«Qu'on voyait bien qu'il se régalait»

2. L'oncle regarda le ciel et décréta : «il ne pleuvra pas et ce temps est parfait pour la chasse !» Lili me fit un clin d'œil, et me dit à voix basse : «S'il fallait qu'il boive tout ce qu'il va tomber, il pisserait jusqu'à Noël !» Cette expression me parut admirable.

3. «Allô … Monsieur Point, ministre … de toute urgence.
   - Il est absent,
   - Êtes-vous la bonne ?
   - Non, je suis madame Maigret.
   - Veuillez m'excuser … Pourriez-vous me dire où est votre mari ? Peut-être savez-vous à quelle heure il rentrera ?…»

4. 1 – Étienne m'a dit : «Dans ma classe nous sommes peu nombreux, ça m'ennuie parce que nous ne pouvons plus chahuter, les professeurs surveillent chacun de nous.»
   2 – Le client a demandé à la boulangère : «Le pain est-il bien cuit ?»
   3. – Il voulait vendre cette bicoque un million, je lui ai demandé : «Me prenez-vous pour un pigeon ?»
   4 – Le proviseur lui a dit : «Sortez immédiatement».
   5 – Stéphane a avoué : «J'ai copié sur Olivier».
   6 – Tante Adèle m'a dit au téléphone : «Je serai très heureuse de vous accueillir à Noël.»
   7 – Cet enfant gâté n'arrête pas de se plaindre : «J'ai chaud, j'ai faim, je m'ennuie, j'ai mal au ventre.»

5. 1 – Le surveillant lui a dit de se taire.
   2 – Joël m'a demandé si j'avais pensé à lui acheter un classeur.
   3 – Le crémier m'a annoncé qu'il fermerait le magasin au mois d'août parce qu'il partirait en vacances.
   4 – L'employé de l'agence m'a expliqué que c'est une petite maison mais si bien aménagée que nous pourrons y vivre nombreux sans nous gêner.
   5 – Il nous a demandé si nous avions compris.
   6 – Ma mère m'a dit que pendant que j'irais me renseigner elle m'attendrait là.
   7 – Le ministre a déclaré qu'il faudrait faire des sacrifices.

6. – Discours direct : de la ligne 7 à la ligne 26, comprenant un passage au discours indirect libre lorsque madame Gouget rapporte les paroles de l'apprentie (lignes 11 à 14).
   – Discours indirect libre : lignes 28 à 35, «Cette chemise … affaires».

7. a), b) et c) Gaston dit à Fantasio que, puisqu'il est venu le voir, il va lui faire un café du tonnerre en étrennant sa dernière invention. Gaston allume sa cafetière-camping à essence, elle jaillit vers le ciel dans un grand fracas. Fantasio dit à Gaston que pour la première fois une de ses inventions va faire le tour du monde. Gaston, déshabillé par l'explosion, déclare qu'il faudrait que la cafetière redescende car il doit la faire breveter.

3. Le sens des mots (p. 26)

Vocabulaire

Exercices

1. a) et b) 1 – La ligne est ici la marque à la chaux blanche qui sépare les couloirs attribués aux différents coureurs.
Mots du contexte : coureur, trajectoire directe, blanche, sépare les deux coureurs.
2 – La ligne signifie ici la minceur, l'allure générale élancée du corps.
Mots du contexte : sport, garder.
3 - Déréglés : désorganisés, perturbés.
Mots du contexte : instruments de bord, avion, orage.
4 – Déréglée : indisciplinée, dissolue.
Mots du contexte : mène une vie.

2. 1) Elle est couverte d'un beau manteau de cuir.
2) Le mécanicien est couvert de cambouis.
3) Elle a couvert son visage derrière un voile noir.
4) L'employé sait qu'il sera couvert par son chef.

3. Préparation à la dictée (p. 27)

1. Les accords dans le groupe nominal étendu

1 – J'adore les jolies petites *barques* rouges. 2 – Nous étions installés sous de grands *arbres* taillés qui donnaient une ombre épaisse. 3 – Ils craignaient surtout pour ces petits *animaux* domestiques, élevés dans la compagnie des hommes et qui n'étaient jamais sortis de l'appartement.

2. L'orthographe des verbes en *-ger*

	Forme régulière	Forme modifiée
Indicatif présent	mang/e	mang/e/ons
Indicatif imparfait	mang/ions	mang/e/ais
Indicatif passé simple	mang/èrent	mang/e/ai

3. Tache ou tâche ?

– À la fin du repas, une grosse tache s'étalait sur la chemise du petit Pierre.
– Le nettoyage des plages salies par les hydrocarbures lors d'une marée noire est une tâche harassante.

3. L'introduction et la conclusion (p. 28 et 29)

Expression écrite

Exercices

1. Sujet 3 : – L'introduction pose le problème : éducation sévère ou laisser-aller ? et donne les grandes lignes du plan indiqué par le sujet.
   – La conclusion répond aux questions posées dans le sujet.
   Sujet 1 : Pose la question : comment bien aimer un enfant ?
   Sujet 2 : Pose la question : quel type d'éducation choisiriez-vous pour vos enfants ?

3. Ces phrases répondent à des questions au lieu d'en poser.

4 Les types de phrases (p. 30 à 33)

Grammaire

Document

– Transmission d'une information : « Elle n'est pas lisible ».
– Question : « Qu'est-ce que ça veut dire ? »
– Ordre : « Nettoyez votre plaque arrière, Monsieur. »
– Demande : « Donnez-moi une grosse pomme de terre. »
– Conseil : « Disparaissez avant que j'augmente l'amende ! »

1 La phrase déclarative

– 3e vignette.
1re phrase : L'émetteur transmet une information. « Il s'agit d'un malentendu… ».
2e phrase : L'émetteur donne son opinion. « Ce motard n'aurait pas dû… ».

2 La phrase impérative

– Phrases impératives : a) « Donnez-moi une grosse pomme » (demande).
b) « Voyons, Génius …… du calme ! » (ordre).

Émetteur : a) Mickey
b) Mickey.
Récepteur : a) Le marchand
b) Génius.

3 La phrase interrogative

– Trois phrases interrogatives :
– « A-t-il une tête de bandit ? » (récepteur : le policier).
– « Qu'est-ce que ça veut dire ? » (récepteur : le policier).
– « C'est pour quoi faire ? » (récepteur : Mickey).

4 La phrase exclamative

– « Disparaissez… l'amende ! » L'exclamation exprime la colère du juge.

EXERCICES

2. – Type interrogatif : phrases n° 1 ; 2 ; 4 ; 7 ; 8.
– Type déclaratif : phrases n° 5 ; 9 ; 10.
– Type impératif : phrases n° 3 ; 6.

3. a) et b) – Charles ! Ils nous expulseront et tu seras bien avancé ! Les deux femmes (inquiétude, peur).
– Je suis chez moi ! (indignation).

5. 1 – Vos amis viendront dimanche.
2 – La pharmacie est ouverte jusqu'à dix-neuf heures.
3 – Quelqu'un a vu mon frère.
4 – Il y a toujours du monde à la plage.
5 – Il est nécessaire que je sois présent.
6 – Il existe un homme courageux dans cette assemblée.
7 – Il n'y a pas un taxi libre.

6. 1 – Est-ce que mon ami a gagné le 100 mètres ?
2 – Est-il indispensable de se laver les dents après chaque repas ?
3 – Est-elle très contente de sa victoire ?
4 – Tu aimes ce musicien ?
5 – Est-ce qu'il y a un grand choix dans ce magasin ?
6 – Nous partirons à sept heures ?
7 – N'y a t-il pas beaucoup de monde ?

7. 1 – Qu'avez-vous fait ?
2 – Où le portefeuille a-t-il été trouvé ?
3 – Quand mes amis arrivent-ils ?
4 – Pourquoi es-tu contente ?
5 – Par où sont-ils passés ?
6 – Quel temps avez-vous eu ?
7 – Combien y avait-il de personnes dans la voiture ?
8 – Quand est-ce que Sophie viendra ?
9 – Penses-tu que ma présence soit indispensable à la réunion ?
10 – Quels films préfères-tu ?

8. 1 – Tu as soif ? As-tu soif ? Est-ce que tu as soif ?
2 – Tu viens ? Viens-tu ? Est-ce que tu viens ?
3 – Vous êtes prêts ? Êtes-vous prêts ? Est-ce que vous êtes prêts ?
4 – Vous êtes d'accord ? Êtes-vous d'accord ? Est-ce que vous êtes d'accord ?
5 – Vous préférez partir en voiture ? Préférez-vous partir en voiture ? Est-ce que vous préférez partir en voiture ?
6 – Est-ce qu'elle aime les films policiers ? Aime-t-elle les films policiers ? Elle aime les films policiers ?
7 – Est-ce que Lucie vient avec nous ? Lucie vient-elle avec nous ? Lucie vient avec nous ?
8 – Il a gagné le gros lot ? A-t-il gagné le gros lot ? Est-ce qu'il a gagné le gros lot ?

9 – Le train de Paris est arrivé ? Le train de Paris est-il arrivé ? Est-ce que le train de Paris est arrivé ?
10 – Les cheminots sont en grève ? Les cheminots sont-ils en grève ? Est-ce que les cheminots sont en grève ?

11. 1 – Pars à midi.
2 – Prends ton élan.
3 – Va à la gare.
4 – Marche le premier.
5 – Emploie de bons outils.
6 – Donnez...
7 – Soyez très prudent.
8 – Résolvez le problème tout seul.
9 – Peignez cette porte...
10 – Appuyez sur le bouton.
11 – Finissez le travail avant ce soir.
12 – Ayez fini le travail ce soir.

4. L'article de dictionnaire (p. 34)

Vocabulaire

Exercices

1. a) Origine latine (latin ecclésiastique).
b) Nom – adjectif.
c) Ils sont numérotés.
d) Personne qui a récemment adopté...
e) – Lorsque c'est un nom : adepte, novice, prosélyte,
– Lorsque c'est un adjectif : débutant, inexpérimenté.

2. 1 – Dimanche nous allons *déjeuner* chez tante Agathe ; ma sœur, soucieuse de sa ligne, *chipotera* ; en revanche, mon petit frère *dévorera*. Tante Agathe lèvera les yeux au ciel en se promettant de ne plus nous inviter à manger.
2. Bien que n'étant pas grand, Louis XIV fut un homme *illustre* ; mais avait-il un cœur *généreux* ?

4. Monosémie, polysémie (p. 35)

Vocabulaire

Exercices

1. 1 – La pièce de dix francs était fausse.
2 – Maryse aime la glace à la vanille.
3 – C'est un ouvrier négligent : il gâche son travail.
4 – Le théâtre des opérations est couvert d'obus.
5 – Cet arbre est centenaire.

2. 1 – philatélie,
2 – handball,
3 – mosquée,
4 – transfiler,
5 – macadamisée.

3. 1 – visité,
2 – est bien revalorisé,
3 – un autre outil,
4 – satisfaction,
5 – perd,
6 – le lave-vaisselle.

4. L'exposé des idées (p. 36 et 37)

Expression écrite

Exercices

1. a) Le goût du travail bien fait.
b) Ils partagent le sens du travail bien fait.
c) – Dans les écoles françaises, contrairement à ce qui se passe au Japon, on ne donne pas aux enfants le goût du travail bien fait.
– En France, on ne respecte pas la qualité.
– Les Français surévaluent l'intelligence, négligeant les autres aptitudes (manuelles…).
– Il est primordial de retrouver le sens du travail bien fait.
d) Elle indique l'idée principale développée dans chaque paragraphe.

2. Sujet 1 : – Thème : la fête,
– Problème posé : quel est pour vous son aspect le plus séduisant ?
. . . .
. . . .

Sujet 2 : – Thème : la discipline scolaire,
– Problème : comment la concevez-vous ?
. . . .
. . . .

Sujet 3 : – Thème : les handicapés,
– Problème : comment voyez-vous leur insertion dans la société ?
. . . .
. . . .

Sujet 4 : – Thème : la télévision,
– Problème : peut-elle nous faire découvrir des pays lointains ?
. . . .
. . . .

3. L'idée 2.

4. De plus (ou en outre), mais.

5 Les phrases interrogatives et impératives (p. 38 à 41)

Grammaire

Document

– Phrases qui posent des questions : « Tu viens… Maryse ? »
« À quelle heure… le départ ? »
« Pourquoi… plus tôt ? »

– Réponse différente : Non ; À midi ; Je n'ai pas pu t'appeler.

– Deux phrases impératives : « Dépêche-toi » : Émetteur : Sophie.
« Presse-toi » : Récepteur : Maryse.

1 La phrase interrogative

– Interrogation totale : « Tu viens avec nous, Maryse » ?
Interrogation utilisant l'intonation interrogative à l'oral et le point d'interrogation à l'écrit.

– Interrogation partielle : « À quelle heure… départ ? »
La question porte sur le temps (l'heure de départ). Mot interrogatif : « quelle ».

2 La phrase impérative

– Conseil : « N'oublie pas ton imperméable ».
– Ordre : « Enfile tes chaussures ».
– Deux verbes à la 2e personne du singulier de l'impératif : « Enfile… » ; « Prends ton sac ».

Exercices

1. Interrogations totales : 1 ; 4 ; 6 ; 7.
Interrogations partielles : 2 ; 3 ; 5 ; 8.

2. 1 – Assisterez-vous à la cérémonie ? Vous assisterez à la cérémonie ?
2 – Est-ce que vous viendrez seul ? Vous viendrez seul ?
3 – L'as-tu vu ? Tu l'as vu ?
4 – Est-ce que tu crois que c'est vrai ? Crois-tu que c'est vrai ?
5 – Tu l'as déjà vu ? Est-ce que tu l'as déjà vu ?
6 – Est-ce que vous restez encore quelques jours ? Vous restez encore quelques jours ?
7 – Vous en êtes sûr ? Est-ce que vous en êtes sûr ?
8 – Est-ce que vous avez gagné ? Avez-vous gagné ?

4. Pronoms interrogatifs : 1 – Qui, 4 – Quel, 7 – À qui.
Adverbes interrogatifs : 2 – Pourquoi, 5 – Comment, 6 – Quand.
Adjectifs interrogatifs : 3 – Quelle.

5. – Où l'a-t-il rencontrée ? (interrogation partielle).
– Joue-t-elle d'un instrument ? (interrogation totale).
Est-ce qu'elle joue d'un instrument ? Elle joue d'un instrument ?
– Chante-t-elle ? (interrogation totale).
Est-ce qu'elle chante ? Elle chante ?
– Aime-t-elle les enfants ? (interrogation totale).
Est-ce qu'elle aime les enfants ? Elle aime les enfants ?

– Est-ce que tu es enfin fiancé Daniel ? (interrogation totale)
Tu es enfin fiancé Daniel ? Es-tu enfin fiancé, Daniel ?

6. a) Découpez, Découpez, Enroulez, Formez, Passez, Dégustez.
b) Valeur : marche à suivre.
c) Découpe, Découpe, Enroule, Forme, Passe, Déguste.

7. Phrases impératives
Sachez faire…, Veillez à ce que…, Laissez toujours…, Préférez plusieurs…, Servez-les…, Évitez de…
Valeur de ces impératifs : conseil.

8. 1 – Verbe à l'impératif (viens).
2 – Verbe au futur (tu partiras).
3 – Phrase nominale exclamative (verbe sous-entendu) : enlève).
4 – Phrase nominale exclamative (verbe sous-entendu : viens).
5 – Verbe au subjonctif.
6 – Fausse interrogation.
7 – Verbe à l'impératif.
8 – Verbe au conditionnel (je vous prierais).
9 – Verbe à l'infinitif (…stationner).
10 – Phrase nominale.
11 – Verbe au subjonctif (qu'il parte !).

9. 1 – Ne m'écoute pas.
2 – Ne me donne pas ton outil.
3 – Ne va pas voir ce film.
4 – Ne me raconte pas ce qui t'arrive.
5 – Ne lui faites pas connaître.
6 – Ne nous le dites pas.
7 – Ne prends pas exemple sur ton frère.
8 – Ne lui prête pas ton vélo.
9 – Ne laisse pas ta voiture ici.
10 – Ne le regarde pas.
11 – Ne surveille pas ta petite sœur.
12 – Ne les imite pas.
13 – Ne les laisse pas.

5. Sujet d'examen (p. 42 et 43)

Préparation au brevet

1. Grammaire
1 – Les deux principaux temps verbaux employés dans le texte sont l'imparfait et le présent de l'indicatif.
L'imparfait de l'indicatif situe le récit dans le passé et relate des actions habituelles, des actions qui se répétaient à l'époque du récit.
Le présent de l'indicatif est ici un présent de narration. Le récit se situe toujours dans le passé. Le présent provoque une rupture de rythme dans le déroulement de l'histoire, celle-ci devient plus vivante et semble se dérouler devant les yeux du lecteur.
2 – Le verbe *a été déclarée* est à la forme passive, au passé composé de l'indicatif.

2. Vocabulaire

1 – « Tout était merveille » : *tout* reprend une longue énumération des éléments naturels que sont le soleil, le vent, la nuit, la lune, les étoiles, les nuages, la pluie, la neige. Pour le narrateur, qui a quatre ans et qui vit heureux dans sa famille, la nature, le monde paraissent magnifiques, prodigieux, sans doute inexplicables, mais très attirants.
– « sur le front » : pendant la guerre, le front désigne la ligne des positions occupées face à l'ennemi. Le père du narrateur va donc partir pour la zone des combats.

2 – Termes qui appartiennent au vocabulaire militaire : uniforme, déclarer (la guerre), mobilisé, militaire, soldat, front, correspondant de guerre.

3. Compréhension

1 – Dans « nous étions quatre à table », *nous* désigne l'ensemble des membres de la famille, les parents et les deux enfants.
– Dans « nous avions quatre ans », *nous* désigne les deux enfants.
– Dans « nous se savions pas que vous étiez militaire, Père », *nous* désigne les deux enfants. Le narrateur parle en son nom et au nom de son frère ou de sa sœur.

2 a) Ce texte se compose de deux parties. La première va du début à la ligne 14. La seconde, de la ligne 15 à la fin.
b) La première partie raconte la période heureuse, pendant laquelle la famille est groupée. À partir de « Un soir, Père arrive en uniforme » (début de la seconde partie), tout change pour le narrateur. C'est la guerre, le père va partir, la famille va éclater.

5. Les exemples (p. 44 et 45)

Expression écrite

Exercices

1. a) Exemples à valeur d'argument.
b) Ces exemples sont en relation avec l'idée de la vie agitée de nos contemporains.

6 La forme des phrases (p. 46 à 49)

Grammaire

Document

– Phrases qui comportent une négation : « Tu sais… dimanche. »
« Tu ne m'en voudras pas ? »
« Non, bien sûr ! »
« Nous ne serons… au contraire. »
« Il ne reviendra… année. »
– J'ai été invitée, a été très bien accueilli.
– Ludovic m'a invitée, les Américains ont très bien accueilli mon frère.

1 La phrase négative

– Négation totale : « Je ne pourrai pas participer... ».
  Négation partielle : «Nous ne serons guère que six».
– ne ...... pas, ne ...... guère.

2 La phrase passive

– Phrase passive : « J'ai été invitée par Ludovic ».
– Verbe au passé composé.
– Complément d'agent : Ludovic.

Exercices

1. 1 – Il ne pleut pas.
2 – Je ne voudrais pas voir ce film.
3 – Ce paysage n'est pas très beau.
4 – Sophie ne doit pas jouer ce soir.
5 – N'êtes vous pas déjà venu par ici ?
6 – Ne venez-vous pas ?
7 – Ne participerez vous pas à la cérémonie ?
8 – Ne prenons pas ce chemin.
9 – Ne continuez pas votre travail.
10 – N'allez pas voir cette pièce.
11 – N'écoutez pas ce qu'elle dit.

2. 1 – Kévin est patient.
2 – Nous partons aujourd'hui.
3 – Tu as raison.
4 – Avez-vous vu ce film ?
5 – Partez.
6 – Allons voir ce spectacle.
7 – Elle lit.
8 – Vous irez loin.
9 – Éloignez-vous.

3. Négation de temps : 1 ; 2.
Mot-phrase négatif : 3.
Négation partielle : 4 ; 6.
Négation par son contraire : 5 ; 8.
Négation totale : 7.

4. 1 – Elle travaille calmement.
2 – ... gros.
3 – ... inconnu.
4 – ... inexplicable.
5 – ... intelligent.
6 – ... inintéressant.
7 – ... casse ...

5. 1 – Personne n'a vu...
2 – Rien ne lui...
3 – Aucun participant n'a été satisfait.
4 – Personne ne viendra.

6. 1 – J'ai seulement le droit…
2 – La pharmacie ouvre seulement à…
3 – Nous venons en vacances dans cette région depuis l'année dernière seulement.
4 – Alain aime seulement la musique de jazz.
5 – J'ai reçu ta lettre aujourd'hui seulement.
6 – Elle parle seulement aux gens qu'elle connaît.
7 – Tu partiras seulement lorsque tu auras…

7. 1 – Chaque année la vallée est inondée par *le fleuve*.
2 – Les arbres sont pliés par *le vent*.
3 – Des dégâts ont été provoqués par *le vent* dans de nombreuses maisons.
4 – Au Sahel, la famine est entraînée par *plusieurs années de sécheresse*.
5 – Le parc est entretenu avec amour par *le jardinier*.
6 – Les deux enfants perdus ont été retrouvés par *les pompiers*.

8. 1 – Des menuisiers de talent fabriquèrent l'escalier.
2 – Un grand artiste a peint ce tableau.
3 – Lors de cet événement les acteurs eux-mêmes ont réalisé un reportage de toute beauté.
4 – Au début de la cérémonie, le Président dira un discours.
5 – Le grave accident arrivé à l'un deux a choqué tous les participants.
6 – Un amateur avait construit la maison.
7 – Les bonbons de couleur attirent les enfants.

9. Il manque dans chaque phrase le complément d'agent.
1 – … par un élève.
2 – … à la presse sur l'état.
3 – … par les abonnés.
4 – … par le starter derrière la ligne.
5 – … par les congressistes.
6 – … par les estivants.
7 – … par les policiers.

10. 1 – … un paysage magnifique peut-être admiré.
2 – Beaucoup d'argent a été dépensé à l'occasion…
3 – Beaucoup de touristes ont été dénombrés sur les plages cet été.
4 – De nombreux artistes ont été vus à cette manifestation.
5 – De nombreuses chutes ont été constatées sur cette route, l'hiver.

11. Phrases où la transformation n'est pas possible : 1 ; 2 ; 4.
Pas de transformation passive avec le verbe avoir.

12. 1 – Un guide de haute montagne conduisait la cordée (conduisit ; conduira ; a conduit ; avait conduit ; eut conduit ; aura conduit).
La cordée est conduite (était conduite ; fut conduite ; sera conduite ; a été conduite ; avait été conduite ; eut été conduite ; aura été conduite).
2 – La municipalité organise la fête locale (organisa ; organisera ; a organisé ; avait organisé ; eut organisé ; aura organisé).
La fête locale était organisée par la municipalité (est organisée ; fut organisée ; sera organisée ; a été organisée … avait été organisée ; eut été organisée ; aura été organisée).

3 – Le mécanicien règle le carburateur (réglait ; réglera ; a réglé ; avait réglé ; eut réglé ; aura réglé).
Le carburateur fut réglé par le mécanicien (est réglé ; était réglé ; sera réglé ; a été réglé ; avait été réglé ; eut été réglé ; aura été réglé).
4 – Le vent déplace plusieurs tuiles (déplaçait ; déplaça ; déplacera ; avait déplacé ; eut déplacé ; aura déplacé).
Plusieurs tuiles ont été déplacées par le vent (sont déplacées ; étaient déplacées ; furent déplacées ; seront déplacées ; avaient été déplacées ; eurent été déplacées ; auront été déplacées).
5 – Jacques écrit plusieurs pièces (écrivait ; écrivit ; écrira ; a écrit ; eut écrit ; avait écrit ; aura écrit).
Plusieurs pièces avaient été écrites par Jacques. (sont écrites ; étaient écrites ; furent écrites ; seront écrites ; ont été écrites ; eurent été écrites ; auront été écrites).
6 – Les deux équipes parcourent le même circuit (parcouraient ; parcoururent ; parcourront ; ont parcouru ; avaient parcouru ; eurent parcouru ; auront parcouru).
Le même circuit sera parcouru par les deux équipes (est parcouru ; était parcouru ; fut parcouru ; aura été parcouru ; a été parcouru ; avait été parcouru ; eut été parcouru).

13. 1 – accueillie,
2 – ralenti,
3 – recouverte,
4 – suivis,
5 – entretenues,
6 – bloqué.

6. Les homonymes (p. 50)

Vocabulaire

Exercices

1. La serre, le cerf ; le mur, la mûre ; le lit, la lie ; le moule, la moule ; le tour, la tour ; la poêle, le poil ; le page, la page ; le manche, la manche ; la cour, le court.

3. Lit (nom), lis (verbe) ; vers (préposition), verre (nom), vert (adjectif) ; tint (verbe), teint (nom) ; air (nom), erre (verbe) ; clair (adjectif), clerc (nom) ; boit (verbe), boa (nom) ; là (adverbe), las (adjectif), la (déterminant article défini) ; veux (verbe), vœu (nom) ; porte (nom), porte (verbe).

4. a), b) et c) 1 – ferre (attrape), fer ;
2 – perd la boule (déraisonne), paire ;
3 – sort (destin), il sort ;
4 – vase (boue), le vase de fleurs.

6. Préparation à la dictée (p. 51)

1. L'accord du participe passé employé avec l'auxiliaire *être*

1 – Auxiliaire : est ; participe passé : revenu.
Henriette est revenue à la ferme de ses parents. *Accord avec le sujet* Henriette, *féminin singulier*, du *participe passé* revenue *employé avec l'auxiliaire* être.
2 – Auxiliaire : est ; participe passé : arrivé.

Henriette est arrivée par le train de sept heures. *Accord avec le sujet* Henriette, *féminin singulier, du participe passé* arrivée *employé avec l'auxiliaire* être.

3 – Auxiliaire : a ; participe passé : rencontré.
Henriette a rencontré le facteur en venant.

4 – Auxiliaires : sera, aura ; participes passés : reparti, laissé.
Quand elle sera repartie, Henriette aura laissé un excellent souvenir. *Accord avec le sujet* elle, *qui désigne* Henriette, *féminin singulier, du participe passé* repartie *employé avec l'auxiliaire* être.

2. Les familles de souffler et de souffrir

Famille de souffler	Famille de souffrir
Souffle, essoufflé, boursouflé souffleter, boursouflure, souffleur, soufflerie, essoufflement.	souffert, souffrant, souffreteux souffrance, souffre-douleur.

3. Quelque ou quelques ? 1 – Il restait quelques allumettes phosphoriques. 2 – C'était quelque clochard qui dormait sur un banc. 3 – Il pouvait être à quelque dix kilomètres de chez lui.

6. Le résumé de texte (p. 52 et 53)

Expression écrite

Exercices

1. Thème : Le chat.
Thèse : Animal indépendant, volontairement inutile, ne peut être, à l'opposé du chien, qualifié de domestique.

Le Chat et le Chien
On a dit du CHAT que c'était un tigre d'intérieur, un fauve en miniature. Il est bien certain *que sa docilité à l'égard des exigences de l'homme est beaucoup plus limitée que celle du chien,* de telle sorte qu'*il conviendrait de le qualifier d'apprivoisé, plutôt que de domestique*. Quelle différence y a-t-il entre un animal domestique et un animal apprivoisé ? Le premier est né dans la maison. Le second est né dans la nature, et n'a été introduit que plus tard dans la maison. Or il est bien connu que les chattes aiment à faire leurs petits au-dehors pour les apporter ensuite un par un au foyer humain.
L'indépendance du chat vis-à-vis de l'homme se manifeste de cent façons, notamment par son peu de goût pour le sucre et les mets sucrés dont raffole le chien, mais surtout par son *refus d'apprendre les gestes qui rendent service à l'homme*. Jean Cocteau disait qu'il préférait les chats aux chiens, parce qu'on n'a jamais vu de chat policier. Mais on n'a jamais vu non plus de chat berger, de chasse, d'aveugle, de cirque, de traîneau, etc. *Le chat semble mettre un point d'honneur à ne servir à rien, ce qui ne l'empêche pas de revendiquer au foyer une place meilleure que celle du chien*. Il est un ornement, un luxe. C'est aussi *un solitaire*. Il fuit ses semblables tandis que le chien recherche les siens avec ardeur.

Michel Tournier, *Le Miroir des Idées*, Éd. Mercure de France 1994.

2. Thème : Le chien.
Thèse : Animal déshonoré par l'homme qui l'utilise pour aller conquérir le monde extérieur, alors que la sagesse du chat invite à la méditation.

Le Chat et le Chien
(deuxième partie)
Le CHIEN *souffre de son dévouement excessif à l'homme. Il est avili* par son maître qui le contraint parfois à des tâches ignobles. Pis que cela : on dirait que *les éleveurs mettent en œuvre toute la science génétique pour fabriquer des races de chiens de plus en plus laides et monstrueuses*. Après les teckels — qui tiennent du serpent par la petitesse de leurs pattes — et les bouledogues — qui ne respirent qu'en suffoquant —, on a inventé des bergers allemands à l'arrière-train surbaissé, des levrettes affligées d'un tremblement incoercible, des chiens dépourvus de poils, etc. *Ces infirmités ont visiblement pour fonction d'exciter sans cesse la pitié et la sollicitude du maître, et de leur donner un objet.*
Il y a des hommes à chat et des hommes à chien, et ces deux traits coexistent rarement. *Du chien, on attend une impulsion à ouvrir la porte et à partir à la conquête du dehors.* L'homme ne promène pas son chien, c'est lui qui est promené par son chien. Il compte sur lui pour explorer en son nom les coins et recoins de la rue, de la campagne ou de la forêt environnante. Son flair — dont le chat est dépourvu — est un instrument de détection à distance que l'homme prétend s'approprier.
Au contraire le chat invite à rester à la maison, à s'acagnarder au coin du feu ou sous la lampe. Il ne s'agit pas de sommeiller, mais de méditer au contraire. *C'est par sagesse — et non par paresse — que le chat dédaigne l'agitation inutile*.

Michel Tournier, *Le Miroir des Idées*, Éd. Mercure de France 1994.

7 Les éléments de la phrase (p. 54 à 57)

Grammaire

Document

- Les verbes conjugués et leur sujet :
  Appartient, sujet : l'île ; pose, sujet : la plus orientale des terres de la Polynésie ; sont, sujet : ces statues ; représentent, sujet : elles ; sont surmontées, sujet : quelques-unes des têtes aux longues oreilles ; ont, sujet : toutes ; connaissons, sujet : nous.
- La première phrase comporte trois groupes nominaux : *l'île* ; *au Chili* ; *depuis plus de cent ans*.
- L'un de ces groupes peut être déplacé ou supprimé sans que la phrase perde son sens général, le groupe «depuis plus de cent ans» : Depuis plus de cent ans, l'île appartient au Chili.
  L'île appartient au Chili.

1 Les éléments essentiels

- GN sujet : l'île,
  GV : au Chili.
- Le verbe de cette phrase s'accorde avec le GN sujet : l'île.

2 Les éléments non essentiels

– Groupes non essentiels : depuis plus de cent ans ; encore.
– Le groupe « depuis plus de cent ans » (première phrase) complète toute la phrase.

Exercices

1. 1 – Le fleuve serpente dans la plaine.
2 – De gros nuages noirs apparaissent à l'horizon.
3 – Elles reviendront à la ferme.
4 – Les habitudes que vous avez prises ne sont pas bonnes.

2. 1 – Marc achète un gâteau.
2 – Les passagers dorment.
3 – Ces avions ne sont pas très rapides.
4 – Nous savons que le temps presse.

3. Le conducteur ne dit pas un mot.
Les peupliers nous abritent du soleil.
Cette cathédrale a été visitée.
Les visiteurs suivent le guide.
Les visiteurs nous abritent du soleil.
La phrase : *Les grands peupliers suivent le guide* n'est pas directement acceptable dans un registre standard ; mais, dans un contexte poétique, on pourra voir une personnification des peupliers et un emploi métaphorique du verbe *suivre*.
De même, la phrase : *Cette cathédrale ne dit pas un mot* ne peut être acceptée que si on peut y voir une personnification de la cathédrale.
Les autres constructions sont impossibles pour des raisons d'accord (en nombre ou en genre).

4. Groupe nominal sujet : elle.
Groupe verbal : appose ses scellés.
Groupes non essentiels : toute la nuit ; au nom de la lune.

5. 1 – Les campeurs : GN sujet ; ont visité le zoo : GV.
2 – Autour de l'enclos des tigres : groupe non essentiel ; coule : GV ; une rivière : GN sujet.
3 – La visite : GN sujet ; débute : GV ; par le parc des félins : groupe non essentiel.
4 – Une tigresse : GN sujet ; paraît très agressive : GV.
5 – Sur une terrasse : groupe non essentiel ; une volière : GN sujet ; enferme des oiseaux : GV.
6 – Sophie : GN sujet ; connaît le zoo : GV ; bien : groupe non essentiel.
7 – Elle : GN sujet ; donne des explications à François : GV.

6. a) La grosse voiture s'éloigne.
b) À travers la lande déserte, la grosse voiture s'éloigne majestueusement sous le ciel gris.

7. Le motard ralentit en approchant du carrefour, fait mine de s'arrêter au feu, accélère brusquement, disparaît dans la brume.

8. La mer, la plage, les dunes étaient absolument désertes.

9. 1 – Les navires, que le vent avait considérablement retardés et qui, de ce fait, avaient accumulé les retards, allaient bientôt manquer de vivres.
2 – Les Strasbourgeois, qui avaient beaucoup à se faire pardonner, attaquaient le match à cent à l'heure.
3 – À la dernière minute du match, l'avant-centre, suite à une passe de son ailier, finement ajustée à quelques mètres du but, trompait le gardien visiteur.

10. a) – Le verbe *a gagné* (phrase 5) se construit avec un seul complément essentiel direct : le concours.
– Le verbe *veillait* (phrase 2) se construit avec un seul complément essentiel indirect : sur quelques tableaux.
b) Le verbe *distribua* (phrase 4) se construit avec deux compléments essentiels, l'un direct : des lettres, l'autre indirect : à trois d'entre nous.
c) Le verbe *devint* (phrase 1) se construit avec un attribut du sujet : intenable.
d) Le verbe *dormit* (phrase 3) ne se construit avec aucun complément essentiel.

11. 1 – Le petit cheval blanc appartient à un entraîneur.
2 – Le repas de fiançailles fut délicieux.
3 – Monsieur le préfet avait oublié son chapeau.
4 – Ce mauvais garçon avait volé son sac à un infirme.
5 – Les fêtes de Noël approchent.

12. 1 – Alexandre se souvenait des jours heureux de nos vacances.
2 – Marie se rappelait les longues soirées au coin du feu.
3 – Le fils avait hérité d'une bergerie en ruines.
4 – Édouard s'indignait de ne pouvoir hériter de son vieil oncle fortuné.
5 – C'est la ferme que Patrick a héritée de son père.
6 – Nous allons débuter la visite.
7 – Le spectacle débute par un feu d'artifice.
8 – Antoine apprend le chinois.
9 – Antoine apprend l'anglais à son frère.

13. a) Le groupe verbal est : repose sur vos pneus.
b) Le verbe *reposer* n'a pas le même sens dans le vers de Victor Hugo.
c) Dans le vers de Vigny, le verbe *reposer* n'a pas le même sens que dans le vers de Hugo, ni que dans la publicité Goodyear.
d) Pour la première phrase (publicité Goodyear), le synonyme est : dépendre. *Tout dépend de vos pneus*.
Pour la deuxième phrase (vers de Hugo), le synonyme est : dormir.
Tout dormait dans Ur et dans Jérimadeth.
Pour la troisième phrase (vers de Vigny), le synonyme est : appuyer. *J'ai appuyé mon front sur mon fusil sans poudre.*
e) Dans ces phrases, le verbe *reposer* présente trois constructions différentes.
– Dans le sens de *dépendre de quelqu'un* ou *de quelque chose* (première phrase), il a un complément essentiel de construction indirecte (reposer sur quelque chose).
– Dans le sens de *dormir* (deuxième phrase), il n'a pas de complément essentiel (reposer).

– Dans le sens de *appuyer quelque chose* (troisième phrase), il a un complément essentiel de construction directe (reposer quelque chose).

On remarque donc que le verbe *reposer* change de construction en changeant de sens.

7. Les synonymes (p. 58)

Vocabulaire

Exercices

1. 1 – désœuvrée. 2 – dense. 3 – lourd. 4 – relâchement. 5 – débris.

2. 1 – délicieux. 2 – puis elle… 3 – estimait. 4 – … il s'engagea à être prudent, il annonça qu'il ne boirait plus.

3. 1 – Colporte : nuance péjorative. Le verbe suppose que les idées colportées ne sont pas très bonnes.
– Vulgarise : idée de faire connaître de façon que le savoir devienne propriété de tout le monde.
2 – Décontenancée : la surprise a un effet heureux qui comble l'intéressé.
3 – Les innovations : changements qui impliquent un apport novateur.
– Le revirement : nuance péjorative. Le changement est contraire à l'évolution suivie jusqu'ici.

7. Les antonymes (p. 59)

Vocabulaire

Exercices

1. 1 – Légale : adjectif. Cette action est illégale.
2 – Anormal : adjectif. Il est normal d'être aussi agité.
3 – Apportera : verbe. Chacun emportera sa part.
4 – Sympathie : nom. Cet artiste attire naturellement l'antipathie.
5 – Injustement : adverbe. Elle a été justement sanctionnée.
6 – Niait : verbe. Il avouait avoir participé au vol.
7 – Difficile : adjectif. La montée était facile.

2. *Im*prudent, *dé*loyal, *im*probable, *dé*suni, *im*mortel, *im*partial, *im*parfait, *dé*coudre, *dé*courager, *dé*considérer, *dé*couvrir, *in*adapté, *in*commode, *dé*croître, *il*légalité.

3. 1 – Il fait chaud ; il ne fait pas froid.
2 – … est laide ; … n'est pas vraiment très belle.
3 – Je ne suis pas d'accord avec cet homme ; je désapprouve cet homme.
4 – … cette promenade désagréable ; …que cette promenade n'est pas agréable.
5 – Je déteste ce chanteur ; je n'aime pas ce chanteur.
6 – … ne connaît pas bien… ; … connaît mal…
7 – Il n'est pas très bavard ; il est muet.
8 – Il a échoué… ; il n'a pas réussi à…

7. La construction d'un récit (p. 60 et 61)

Expression écrite

Exercices

1. a) – Au Moyen Âge, devant un château fort.
– Détails fournis dans les lignes 1 à 4 (tente – le château se rendra…).
b) – Anguingueron est le méchant, Perceval est le bon.
– Dialogue entre Anguingueron et Perceval (lignes 5 à 8).
c) – Perceval sauvera-t-il le château assiégé ?
– Réponse à cette question dans les dernières lignes du récit (lignes 26 à 28).
d) Présent et passé composé dans l'ensemble du texte.
Présent du récit : l'histoire semble se dérouler devant le lecteur.

2. – Énoncé – récit : lignes 1 à 4 ; ligne 9 ; lignes 16 à 22.
Pronoms personnels à la troisième personne : il, lui…
Indices de temps : alors, à la fin…
– Énoncé – discours : lignes 5 à 8 (sauf : lui lance Perceval, ligne 6), lignes 10 à 15, lignes 23 à 28.
Pronoms personnels marquant la présence dans l'énoncé de l'émetteur et du récepteur : tu, toi, j'…
Indices de temps et de lieu : ici, aujourd'hui…

8 Le nom et le groupe nominal (p. 62 à 65)

Grammaire

Document

- Dans la première phrase du texte on relève deux noms : *tête et jambes*, deux déterminants : *la* et *les*, deux adjectifs : *grondante* et *tremblantes*.
- L'adjectif *grondante* et le déterminant *la* s'accordent en genre et en nombre avec le nom *tête*, féminin singulier. L'adjectif *tremblantes* et le déterminant *les* s'accordent en genre et en nombre avec le nom *jambes*, féminin pluriel.

1 Le groupe nominal

- Le nom *froissement* est le noyau du GN étendu le *froissement d'un vêtement de caoutchouc*.
- Le GN *une voix hésitante* est formé d'un déterminant, d'un nom et d'un adjectif verbal en -*an*t.
- Le verbe au participe présent *éclairant* complète le nom *lampe*. Il est invariable.

2 Le nom propre

Le nom propre est : *Bougenat*.

3 Les marques du nom

- Un nom au singulier : tête ;
  un nom au pluriel : jambes.
- Le nom *voix* a la même orthographe au singulier et au pluriel.
- Deux noms, dans le texte, portent la marque du masculin : homme (féminin : femme) et rôdeur (féminin : rôdeuse).

Exercices

1. 1 – Le nom est : amateur. La réponse : mélomane.
2 – Le nom est : Jules. La réponse : César.
3 – Le nom est : titre. La réponse : tsar.
4 – Le nom est : instrument. La réponse : baromètre.
5 – Le nom est : bâton. La réponse : piolet.
6 – Le nom est : instrument. La réponse : draisienne.

2. 1 – Sylvie a rencontré les voisins de son frère (modifications : le nom *voisins* prend -s, le déterminant devient *les*).
2 – Marc a suivi les itinéraires indiqués par le guide (modifications : le nom *itinéraires* prend -s, le déterminant devient *les*, le participe passé *indiqués* prend -s).
3 – Il avait fait la connaissance de ses petits cousins qui étaient arrivés la veille (modifications : le nom *cousins* et l'adjectif *petits* prennent -s, le déterminant devient *ses*, le verbe de la proposition relative *étaient arrivés* s'accorde au masculin pluriel puisque son sujet *qui* a pour antécédent le nom *cousins.*)
4 – On parlait souvent de ces vents violents et glacés que l'hiver avait ramenés sur la région (modifications : le nom *vents* et les adjectifs *violents* et *glacés* prennent -s, le déterminant devient *ces*, le participe passé du verbe de la proposition relative *ramenés* s'accorde au masculin pluriel puisque le complément d'objet *que*, placé avant, a pour antécédent *vents*).
5 – Il suivit ces petits chemins mal entretenus qui sillonnent la montagne (modifications : le nom *chemins*, l'adjectif *petits* et le participe passé *entretenus* prennent -s, le déterminant devient *ces*, le verbe de la proposition relative *sillonnent* s'accorde au pluriel puisque son sujet *qui* a pour antécédent le nom *chemins*. L'adverbe *mal* est, bien sûr, invariable).
6 – Il aimait ces petits chevaux fringants et vifs, menant toujours le lourd attelage sans protester (modifications : le nom *cheval* a un pluriel irrégulier en *-aux*, le déterminant devient *ces*, les adjectifs *petits, fringants* et *vifs* prennent -s ; *menant* est un verbe au participe présent, construit avec ses compléments et donc ne varie pas).

3. 1 – Le *rire* (nom) est le *propre* (nom) de l'homme.
2 – Le *grand* (adjectif) *sourire* (nom) du *représentant* (nom) a *bien* (adverbe) amusé notre société.
3 – On t'a vu *rire* (verbe) !
4 – On convoqua quatre *grands*, (nom) *représentant* (verbe) la classe de terminale.
5 – Olivier s'est donné beaucoup de *mal* (nom) pour atteindre son but.
6 – Son *propre* (adjectif) frère a *mal* (adverbe) compris ses intentions.
7 – Ses hésitations entre le *bien* (nom) et le *mal* (nom) font *sourire* (verbe) ses *proches* (nom).
8 – Sentant sa fin *proche* (adjectif), il en perdit le *manger* (nom) et le *boire* (nom).

4. 1 – Ballon formé d'une enveloppe… : montgolfière.
2 – Appareil d'éclairage… : bougie.
3 – Haute tour… : phare.
4 – Chambre aménagée sous les toits… : mansarde.

5. 1 – une chanson ; 2 – un vieux (conserve le x au singulier) ; 3 – les fiançailles (n'a pas de singulier) ; 4 – monsieur ; 5 – l'œil ; 6 - un gaz ; 7 – un époux (conserve le x au singulier) ; 8 – des retrouvailles (n'a généralement pas de singulier) ; 9 – madame ; 10 – le temps (conserve le s au singulier) ; 11– les vivres (n'a pas de singulier aujourd'hui) ; 12 – le ciel ; 13 – un gentilhomme ; 14 – une souris (conserve le s au singulier) ; 15 – un prix (conserve le x au singulier) ; 16 – un incendie ; 17 – mademoiselle ; 18 – des funérailles (n'a pas de singulier) ; 19 – un œuf.

6. a) Les marques écrites du pluriel sont :
GN *dans ces collines*, le déterminant *ces* (à la place de *cette* au singulier) et le -s final de *collines* ;
GN *ces canaux*, le déterminant *ces* et la terminaison *-aux* de *canaux*...
b) Les marques orales du pluriel sont :
GN *dans ces collines*, le déterminant *ces* (à la place de *cette* au singulier) ;
GN *ces canaux*, le déterminant *ces* et la terminaison *-aux* de *canaux*.
Tous les mots de ces GN ne portent pas la marque orale du pluriel puisque la préposition *dans* est invariable et que le nom *colline* se prononce de la même façon au singulier et au pluriel.

7. 1 – des taureaux ; 2 – des feux ; 3 – des boyaux ; 4 – des poux ; 5 – des marteaux ; 6 – des pieux ; 7 – des sous ; 8 – des pneus ; 9 – des carreaux ; 10 – des bijoux ; 11 – des peaux ; 12 – des bleus ; 13 – des tuyaux ; 14 – des clous ; 15 – des hiboux ; 16 – des cheveux ; 17 – des cailloux ; 18 – des choux ; 19 – des cous ; 20 – des veaux ; 21 – des genoux ; 22 – des lieux (l'endroit) ; 23 – des lieus (le poisson) ; 24 – des joujoux.

8. 1 – des fanaux ; 2 – des hôpitaux ; 3 – des régals ; 4 – des travaux ; 5 – des carnavals ; 6 – des portails ; 7 – des éventails ; 8 – des bals ; 9 – des baux ; 10 – des détails ; 11 – des émaux ; 12 – des rails ; 13 – des récitals ; 14 – des maux ; 15 – des soupiraux ; 16 – des arsenaux ; 17 – des vitraux ; 18 – des festivals ; 19 – des chandails ; 20 – les coraux ; 21 – des chacals ; 22 – des bocaux ; 23 – des vantaux.

9. – une course de voitures (le complément est au pluriel).
– une course d'endurance (le complément est au singulier).
– une course d'obstacles (le complément est au pluriel).
– une course de fond (le complément est au singulier).
– une course de haies (le complément est au pluriel).
– une course de ski (le complément est au singulier).

Sujet d'examen (p. 66 et 67)

Préparation au brevet

1. Grammaire

a) La proposition subordonnée relative « qu'il portait toujours avec lui » (l.2) complète le nom *livre*.
b) « Quand un professeur prononçait son nom » : proposition subordonnée circonstancielle de temps. Fonction : élément non essentiel qui complète toute la phrase (complément de phrase).
– « sa leçon » : groupe nominal essentiel, complément d'objet du verbe *récitait*.
c) La plupart des verbes du texte sont à l'imparfait. Ce temps exprime généralement ici des actions habituelles qui se déroulent dans le passé.

2. Vocabulaire

a) « Il avait un drôle de visage aigu en lame de couteau » : l'aspect du visage de Daniel était étonnant. Il faisait penser à quelque chose de tranchant et qui inquiétait un peu.
b) – Un visage étonnant.
– Marc nous a raconté une histoire drôle qui nous a beaucoup amusés.
c) – *Vraiment* est un adverbe.
– Il est formé de l'adjectif *vrai* et du suffixe *-ment*.
– Joliment.

3. Compréhension

a) Les parents de Daniel étaient de pauvres paysans.
b) Daniel était un garçon solitaire et secret.
On peut relever dans le texte :
« Il ne se mêlait pas aux conversations des autres… Il n'avait rien dit à personne. Mais il avait déjà tout préparé… »
c) Daniel ne s'intéressait pas aux activités qui, généralement, attirent les jeunes gens vers la mer : les bains, la pêche sous-marine, les séances de bronzage sur la plage.
On ne sait pas, vraiment, à quelle mer Daniel s'intéressait (l. 19). Mais on sait qu'il était attiré par tout ce qui est poésie de la mer : par les grands espaces, les estuaires, par les bruits, le bruit du vent dans le gréement, les cris des mouettes, l'appel des balises sonores dans le mauvais temps.

8. La description (p. 68 et 69)

Expression écrite

Exercices

3. a) Idée directrice : décrire la misère du pauvre saltimbanque.
b) Détails : baraques, pauvre, voûté, caduc, décrépit, ruine d'homme..., cahute..., misérable, sauvage le plus abruti, ... bouts de chandelle..., détresse.

4. Thème : un fouillis d'objets.

9 Les déterminants (p. 70 à 73)

Grammaire

Document

– Dans la deuxième partie du texte, le narrateur voit apparaître une ombre.

– Les groupes nominaux qui désignent ce qui apparaît sont : une ombre, l'ombre, cette ombre, l'apparition.

– Ces groupes ne sont pas introduits de la même manière : l'un d'eux est introduit par un déterminant indéfini (une), les trois autres par des déterminants définis (l', cette).

1 Les déterminants indéfinis

– Le nom *ombre* est introduit par un déterminant indéfini au début du deuxième paragraphe (l. 17).

– Il n'avait pas encore été question de cette ombre dans le texte.

– Dans le groupe *aucun bruit* (l. 2), le déterminant, *aucun*, appartient à la sous-classe des adjectifs indéfinis.

2 Les déterminants définis

– Les déterminants qui, dans le texte, introduisent le nom *ombre* quand il est repris sont : l'(la élidé devant une voyelle), article défini ; *cette*, adjectif démonstratif.

– Il n'est pas possible de remplacer ces déterminants définis par des déterminants indéfinis sans modifier profondément le sens du texte ou même le rendre incompréhensible.

– Le nom *apparition* est introduit par un déterminant défini parce qu'il désigne, dans le texte, la même chose que le nom *ombre*, dont il a déjà été question plus haut.

Exercices

1. Les déterminants indéfinis du texte sont :
un (un jour, un Anglais, un domestique), une (une villa, une heure), deux, plusieurs (plusieurs années), quelques (quelques renseignements).

2. a) – Déterminants qui introduisent les groupes nominaux désignant l'Anglais : un (un Anglais), ce (ce personnage singulier), cet (cet homme, cet étranger).
– Déterminants qui introduisent les groupes nominaux désignant la villa de l'Anglais : une (une petite villa), sa (sa demeure, sa propriété).

b)

Dét. indéfinis	Dét. définis
un, une	ce, cet, sa

c) Pour présenter les personnages ou les objets dont il n'a pas encore été question, on utilise les déterminants indéfinis.

d) Pour reprendre un groupe nominal désignant un personnage ou un objet dont il a déjà été question, on utilise les déterminants définis.

e) L'auteur a utilisé à chaque reprise des termes différents.

3. Je me trouvais à Brest, dans <u>un</u> petit hôtel de <u>la</u> ville basse lorsque je reçus <u>une</u> dépêche postée à Paris, <u>le</u> jour même. <u>Cette</u> dépêche était libellée ainsi : « <u>Un</u> voilier, le *Mercure*, a coulé à dix milles au large de Concarneau. Des baigneurs ont aperçu une embarcation qui venait de s'échouer sur la plage avec trois personnes à bord : une femme et deux hommes. Ces gens ont été transportés à l'hôpital de Brest. Ils ont raconté que le voilier *Mercure* avait coulé à la suite d'une voie d'eau. »

4. Je vais à l'étranger. Je vais à l'hôtel. Je vais au hangar. Je vais au Japon.

5. 1 – Voici Marie ; elle porte sa nouvelle robe.
2 – Olivier, veux-tu me prêter ta raquette ?
3 – Je connais Sophie ; elle acceptera de me donner ses vieilles cartes postales.
4 – Ce sont les Smith ; demandons-leur leur adresse.
5 – Marc et toi partez en voyage ; vous nous enverrez de vos nouvelles.

6. 1 – Ce bateau ; 2 – cet avion ; 3 – cette étoile ; 4 – cet ascenseur ; 5 – cet incendie ; 6 – cette atmosphère ; 7 – ce hérisson ; 8 – cet homme ; 9 – ce handicap ; 10 – cette autoroute.

7. Barbara a oublié ses lunettes. Ces jeunes gens ne sont pas sérieux. Comment va-t-elle pouvoir lire ces cartes sans ses lunettes ? Ses yeux ne le supporteront pas longtemps. Ce sont ces petites mésaventures, souvent répétées qui, finalement, l'empêcheront d'accomplir ses projets.

8. 1 – Chaque campeur doit être assuré.
2 – Christine prend le train chaque jour.
3 – Chaque maison sera visitée par les inspecteurs.
4 – Nous avons distribué une plaque d'identité à chaque visiteur.
5 – Chaque plat, chaque boisson était goûté avant d'être servi au roi.

9. 1 – Tous (adjectif) nos amis sont repartis.
2 – La région tout (adverbe) entière s'est réveillée sous la neige.
3 – Ils ne mouraient pas tous (pronom) mais tous (pronom) étaient malades.
4 – Les enfants sont revenus tout (adverbe) penauds.
5 – Loïc s'est entraîné toute (adjectif) l'année.
6 – La grille était toute (adverbe) hérissée de pointes acérées.
7 – Ces pommes sont déjà toutes (adverbe) rouges.
8 – Elles ont été tout (adverbe) étonnées de cette rencontre.

10. 1 – On leur (pronom personnel) a rendu leurs (adjectif) bagages avec du retard.
2 – Leurs (adjectif) équipiers sont fatigués.
3 – Leurs (adjectif) oiseaux leur (pronom personnel) manquent beaucoup.
4 – Leurs (adjectif) vacances sont trop courtes.
5 – Sur la neige, nos pneus glissent beaucoup plus que les leurs (pronom possessif).
6 – On leur (pronom personnel) a dit que leurs (adjectif) places étaient retenues.
7 – Leurs (adjectif) propositions ont été retenues.
8 – Leurs (adjectif) chaussures ont été ramassées ; on les leur (pronom personnel) rendra cirées demain matin.
9 – Leurs (adjectif) voisins leur (pronom personnel) ont arrosé leurs (adjectif) fleurs sur leur (adjectif) balcon.
10 – À leur (adjectif) tour, les Smith ont repeint leurs (adjectif) volets.

11. 1 – Quelques (adjectif) tableaux égayaient les murs de la demeure.
2 – Il nous restait quelque (adverbe) deux cents mètres à parcourir.
3 – Dans la clairière, il découvrit quelques (adjectif) baraquements abandonnés.
4 – À quelques (adjectif) kilomètres de là, les touristes s'entassaient sur les plages.
5 – Antoine était alors âgé de quelque (adverbe) cinquante ans.

9. Sens propre et sens figuré (p. 74)

Vocabulaire

Exercices

2. Sens propre : phrases 1 ; 3 ; 6 ; 8.
Sens figuré : phrases 2 ; 4 ; 5 ; 7.

3. Sens propre : phrases 1 ; 3 ; 5.
Sens figuré : phrases 2 ; 4.

9. Préparation à la dictée (p. 75)

1. L'adjectif leur/leurs ou le pronom leur ?

1 – Mes frères ont acheté leurs skis à la station.
2 – Ces amis ont consacré leur séjour à leurs recherches sur les coquillages.
3 – Ils peuvent être satisfaits : leurs camarades leur ont préparé la tâche.
4 – Les fugitifs regardaient attentivement autour d'eux, craignant toujours de voir leurs poursuivants leur tendre une embuscade.

2. A verbe ou à préposition ?

1 – À dix-huit ans, notre champion a déjà obtenu sa première médaille.
2 – Sophie a appris à nager cet été.
3 – Anne a mis une jolie jupe à fleurs qui a dû coûter cher.
4 – Marc a pris du retard : il a à refaire une partie importante de son travail.

3. Voix ou voie ?

– La voie que Dominique a choisie était une impasse.
– On s'aperçut très vite que Madeleine avait une belle voix et qu'elle deviendrait une grande chanteuse.

9. Le portrait (p. 76 et 77)

Expression écrite

Exercices

2. a) Comparaisons : On dirait un morceau de bois qui marche ; C'est un arbre ; Comme une écorce ; Comme un poisson rouge.
b) Idée directrice : décrire l'énormité de Panturle et son idenfication avec la nature.

10 Les pronoms (p. 78 à 81)

Grammaire

Document

– Le mot grammatical *elle* (l. 2) reprend le nom *Marie*.
– Le mot grammatical *la* (l. 8) reprend le groupe nominal *toute l'écume*.
– Ces deux mots (*elle*, *la*) appartiennent à la classe des pronoms.

1 Le pronom peut reprendre un nom ou un groupe nominal

– Le pronom relatif *qui* (l. 9) reprend le groupe nominal *une dentelle mousseuse*.

2 Certains pronoms reprennent autre chose qu'un nom ou un groupe nominal

– Ces pronoms ne reprennent pas un groupe nominal précis.
Le pronom *en* (l. 1) reprend l'idée que Marie devait venir ce samedi-là.
Le pronom *cela* (l. 9) reprend l'idée de projeter toute l'écume contre le ciel.

3 Certains pronoms ne reprennent rien

– Le pronom personnel *Il*, sujet du verbe impersonnel *fallait* (l. 7) ne reprend aucun mot ni groupe de mots. Il ne désigne rien ni personne.

Exercices

1. 1 – J'ai rencontré Frédérique ; elle revenait de Suisse.
2 – Guillaume joue une sonate ; Audrey la joue aussi.
3 – Mon chat poursuivait un mulot mais il lui a échappé.
4 – Julien a deux amis ; il part avec eux en Italie.
5 – Anne adore ses parents ; elle pense beaucoup à eux et leur écrit souvent.
6 – J'habite Douarnenez et j'y suis très bien.

2. 1 – L'avocat était en grande conversation avec le docteur ; celui-ci parlait de ses malades, qui guérissaient, celui-là de ses clients, qui étaient acquittés.
2 – Pierre a prétendu devant Éric que celui-ci était plus fatigué que lui-même.
3 – Vous reconnaîtrez facilement Marie et sa sœur : la première porte une robe rouge, la seconde une jaune. *Ou bien* : Vous reconnaîtrez facilement Marie et sa sœur : celle-ci porte une robe jaune, celle-là une rouge.

3. Le pronom *il*, sujet du verbe *attende*, reprend le groupe nominal *un produit*. Le pronom impersonnel *il*, sujet du verbe impersonnel *faut* ne remplace rien ni personne.

4. 1 – Cette route est, en ce moment, déserte, mais elle ne le restera pas longtemps (*elle* reprend *cette route*, *le* reprend *déserte*).
2 – Les assiégés n'avaient plus beaucoup de temps et ils le savaient bien (*ils* reprend *les assiégés*, *le* reprend la proposition *les assiégés n'avaient plus beaucoup de temps*).
3 – Tu le sais bien, personne ne t'a vu entrer (*le* annonce la proposition *personne ne t'a vu entrer. Personne* ne reprend rien).
4 – Cette fois, nous allons gagner, cela est maintenant évident (*cela* reprend la proposition : *Cette fois, nous allons gagner*).

5 – Raphaël n'a pas envie de rester tout seul ; cela lui ferait bien plaisir de venir avec nous (*cela* annonce le groupe *venir avec nous*. *Lui* reprend *Raphaël*).
6 – Certains chiens de garde sont naturellement méchants ; d'autres le deviennent, par l'entraînement qu'ils reçoivent (*d'autres* désigne par élision *d'autres chiens*, *le* reprend *méchant*, *ils* reprend *d'autres chiens*).

5. Le pronom *il* (premier paragraphe) représente et annonce le groupe nominal *le cerf,* qui n'apparaîtra que dans la dernière phrase du texte. Ce procédé éveille la curiosité du lecteur et le tient en haleine.

6. 1 – Nous avons deux pianos ; tu as joué sur celui-ci.
2 – As-tu entendu parler de celui d'Anne-Marie ?
3 – Ce piano sonne moins bien que celui dont tu m'as parlé hier.
4 – Le piano de droite est plus grand que celui de gauche.

7. On évacue : *on* désigne ceux qui ont donné l'ordre d'évacuer des populations.
Dit-on : *on* désigne ici les gens du peuple, ceux qui sont évacués.
Elles s'évacuent : *elles* désigne les populations.
On ne sait pas : *on* désigne l'ensemble de ceux qui partent.
Ils ne savaient rien… ils évacuaient : *ils* désigne ceux qui partent.
On avait donné : *on* désigne les Allemands victorieux.
On évacue : *on* désigne ceux qui vont partir.
Le pronom *on* ne désigne pas toujours le même ensemble de personnes : il désigne parfois les vainqueurs, parfois les vaincus, parfois le peuple, parfois ceux qui le gouvernent… Cela contribue à créer l'impression de désordre, de désorganisation, de confusion qui se dégage de l'ensemble du texte.

8. – On a retrouvé la valise de mes frères : c'est bien la leur.
– On a retrouvé ma valise : c'est bien la mienne.
– On a retrouvé votre valise : c'est bien la vôtre.

9. <u>Qui</u> es-tu ? <u>À qui</u> ai-je l'honneur de parler ? <u>Que</u> réponds-tu à ceux qui te critiquent ? <u>De quoi</u> (*ou* de qui) est-il question dans ton intervention ? <u>Qui</u> (*ou* qu'est-ce qui) te rend si hardi de troubler mon sommeil ? Je me demande <u>qui</u> (*ou* ce qui) te rend si hardi. Parmi les films au programme, <u>lesquels</u> préfères-tu ? <u>Que</u> se passe-t-il ? Je me demande <u>ce qui</u> se passe ici.

10. Les préfixes (p. 82)

Vocabulaire

Exercices

1. Inimitable, illisible, immortel, impatient, irresponsable, improbable, ininterrompu, inaccessible, impossible, impardonnable, irréfléchi, irréel.

2. – Impensable : auquel on ne peut penser (que l'on ne peut croire) ;
– Irrégulières : qui ne sont pas régulières ;
– Redis : dis à nouveau ;
– Prévisible : qui peut être vu à l'avance (que l'on peut imaginer comme devant arriver) ;
– Investir et réussir ne sont pas préfixés.

10. Les suffixes (p. 83)

Vocabulaire

Exercices

1. 1 – Pigeonneau.
2 – Ruelle.
3 – Lionceau.
4 – Maisonnette.
5 – Cachette.

2. 1 – Long : longueur, longer, longuement…
2 – Justice : justiciable, justicier, justification…
3 – Économe : économat, économiser, économique…
4 – Mémoire : mémorable, mémoriser, mémorisation…
5 – Réparer : réparable, réparateur, réparation…

10. L'explication des mots (p. 84 et 85)

Expression écrite

Exercices

1. 1 – Discours (nom) : plaidoiries.
2 – Épais (adjectif) : visqueux.
3 – Communicatif (adjectif) : causant.
4 – Ingénuité (nom) : naïveté.
5 – Balance (verbe) : hésite.
6 – Reconnaissance (nom) : gratitude.
7 – Perfidie (nom) : déloyauté.

2. In/termin/ablement, re/valor/isation, in/exor/able/ment, in/communic/ab/ilité, in/adapt/ation, in/croy/able/ment, dé/nation/al/is/ation, im/prév/is/ible, priv/at/is/ation.

11 Le verbe (p. 86 à 89)

Grammaire

Document

- Émetteur : un reporter.
- L'information n'est pas certaine.
- A pris, prendra, prendre, prend.

1 Généralités

- A pris, prend<u>ra</u>, prend<u>re</u>, prend.
- Mode indicatif : nous sommes, il y a, a pris…
- Mode subjonctif : qu'il fasse.
- Temps composé : a pris, a été…

2 Les modes impersonnels

– Gérondif : en réalisant : complément circonstanciel de moyen de « a pris » ; en scandant : complément circonstanciel de manière de « encouragent ».

Exercices

1.

regard/*er*	ouvr/*ir*	craind/*re*
regard/*ais*	ouvr/*es*	crain/*s*
regard/*ions*	ouvr/*aient*	craign/*aient*
regard/*âmes*	ouvr/*ant*	craign/*ant*

2. 1 – subjonctif,
2 – indicatif,
3 – impératif,
4 – infinitif,
5 – conditionnel,
6 – indicatif,
7 – subjonctif,
8 – impératif,
9 – infinitif,
10 – conditionnel.

3. 1 – Je crains qu'il pleuve (qu'il ait plu) ; Subjonctif.
2 – Je sais que tu es (seras - as été) courageux ; Indicatif.
3 – Il faut que nous arrivions (soyons arrivés) avant la pluie ; Subjonctif.
4 – Si nous trouvions une grange, nous nous abriterions ; Conditionnel.
5 – Ouvre ton parapluie… ; Impératif.

4. 1 – présent,
2 – passé,
3 – futur,
4 – passé,
5 – futur,
6 – passé,
7 – présent,
8 – passé.

5. 1 – Vous attendiez le train,
2 – Ils travaillèrent dans de bonnes conditions,
3 – Nous avions accompagné mon ami à la gare,
4 – Nous cueillerons les roses du jardin,
5 – Les médecins craindraient une épidémie,
6 – Ayant relu le texte, ils ont pris des notes,
7 – Elles sont parties avant les autres,
8 – Courant, sautant, gambadant, les chiens jappaient de joie,
9 – Nous sommes attendus par le directeur,
10 – S'ils devaient arriver ce soir, nous serions avertis.

6. Formes simples : je me rappelle ; se rappeler ; était ; être ; ramena ; ramener ; sautant ; sauter ; coïncida ; coïncider ; fut ; être ; était ; être ; commençait ; commencer ; trans-

portait ; transporter ; abandonnaient ; abandonner ; roulaient ; rouler.
– Formes composées : avoir rencontré ; rencontrer.

7. 1 – Nous allons au musée.
2 – Nous achetons un catalogue de l'exposition.
3 – À midi le musée fermait ses portes.
4 – Le guide oubliant de visiter quelques salles, le concierge enfermait deux touristes.
5 – Le responsable de l'agence touristique avertit la police.
6 – Après deux heures de recherches, on retrouve les personnes manquantes.
7 – Cet après-midi, on regroupera tous les touristes.

8. 1 – Nous aurons accroché.
2 – J'aurai ramené.
3 – Elles ont marché.
4 – Il avait abandonné.
5 – Vous avez gagné.
6 – Elle s'était penchée.
7 – Tu es arrivé.
8 – Il eut constaté.

9. Fumer, se mettre, embrasser, crier : fonction d'un nom ; Narguer : fonction d'un verbe.

10. 1 – Elle souriait en partant (quand).
2 – Les enfants chantaient en montant la côte (pendant qu').
3 – Le maçon siffle en travaillant (pendant qu').
4 – Laurent a réussi à son examen en travaillant beaucoup (parce que).
5 – Ma sœur a pu payer ses vacances en économisant toute l'année (car).
Suppression de la conjonction ou locution conjonctive qui introduit la proposition circonstancielle.

12. a) Participes passés :
– Coupés, noircis, abandonnés, débattu, fixé, font partie des formes verbales (l'auxiliaire n'est pas répété).
– Dressé est employé seul.
b) Participes présents :
Se baissant, action principale : il mit.
Me prenant, action principale : il m'entraîna.
Tenant
Ne bronchant pas } action principale : elle put m'apercevoir.

11. Sujet d'examen (p. 90 et 91)

Préparation au brevet

1. Grammaire

1 – a) Classe grammaticale de « tranquillement » : adverbe.
b) largement.
2 – « Une fois par an » est un complément circonstanciel de temps.
3 – a) Le verbe « regarda » est au passé simple de l'indicatif.

b) «avaient vues» : le participe passé «vues» employé avec l'auxiliaire avoir (*avaient*) s'accorde en genre et en nombre avec le complément d'objet du verbe puisque celui-ci est placé avant (COD de *avaient vues* : *les*, qui reprend *des histoires extraordinaires*), féminin pluriel.

4 – a) La proposition «qui était mûr» est une subordonnée relative.

b) Mélanie finit tranquillement de remonter son seau» est une phrase simple puisqu'elle ne comprend qu'un seul couple GN sujet/GV (GN sujet : *Mélanie*, GV : *finit tranquillement de remonter son seau*).

2. Vocabulaire

1 – Deux adjectifs appartiennent à la famille de «nuit» : *nocturne* et *noctambule*.
2 – Homonymes du mot «conte» : *comte* (titre de noblesse) et *compte* (calcul).
3 – Contraire de «cultivé» : *en friche*.
4 – Mots de la famille de «terre» : *terrain, déterrer, terreux*, etc.
5 – «Un gisement de contes» : c'est l'endroit où le personnage compose ses contes, où il les imagine. L'emploi métaphorique du mot *gisement* rapproche d'abord ces fictions du minéral, de la terre, semble les ancrer solidement dans la réalité locale. Le mot donne ensuite l'impression qu'elles préexistent à leur narration, qu'elles étaient là de toute éternité, attendant le conteur qui viendrait les chercher pour les révéler à son auditoire, ce qui leur donne un caractère d'authenticité indéniable.

3. Compréhension

1 – Mélanie regarde la jeune femme avec «une lueur amusée dans l'œil» parce qu'elle s'aperçoit que celle-ci montre de l'intérêt pour le mystérieux promeneur nocturne, sans toutefois avoir compris la véritable dimension du personnage.
2 – Par le lexique utilisé, les contes sont présentés comme liés au minéral (gisement, veines de charbon, l. 17) et au végétal (moissonneur l. 12, moissonner l. 19, mûr l. 20, moisson l. 21).
3 – Le personnage nous est présenté comme un homme hors du commun, principalement par les interrogations qu'il suscite. Tout d'abord, il n'est pas le patron de l'auberge, mais le mari de la patronne : on ne sait donc pas quel est son métier. Peut-être ne fait-il rien d'autre que de se promener, la nuit, avec une charrette vide ? Et puis, pourquoi réserve-t-il ses contes à la nuit du solstice d'hiver, cette nuit la plus longue de l'année que les hommes, depuis les temps les plus reculés de la préhistoire, ont perçue comme un moment exceptionnel et qui a toujours donné lieu à des manifestations festives plus ou moins empreintes de magie ? Enfin, ce personnage qui semble faire resurgir les vieilles légendes de la terre pour les révéler au commun des mortels ne se présente-t-il pas comme une espèce de sorcier, ou à tout le moins de grand prêtre, de médiateur entre le réel et l'au-delà.

11. Le dialogue (p. 92 et 93)

Expression écrite

Exercices

1. «Je fais mon baluchon et je vais me cacher dans la petite grotte sous le Taoumé».
Il ouvrit de grands yeux.
«Tu le ferais ?
– Tu ne me connais pas !

– Ils vont te chercher tout de suite !
– Ils ne me trouveront pas !
– Alors ils iront le dire aux gendarmes d'Allauch.
– Puisque personne ne connaît cette cachette, c'est toi qui me l'as dit, ils ne me trouveront pas non plus».

2. Dire, annoncer, répliquer, murmurer, chuchoter, crier, conseiller, déclarer, demander, s'écrier, suggérer, rétorquer, hurler, proposer…

3. Introduction (lignes 1 à 6) présente les lieux, les personnages, les circonstances.
Conclusion (lignes 39 à 40), ces deux passages appartiennent au récit.
Dans le dialogue :
Ligne 9 indique l'expression du visage de la mère.
Lignes 18 et 19 suggèrent le geste de la mère, indiquent ce que voit l'auteur.
Ligne 28 indique l'expression du visage de la mère, son attitude.
Lignes 33 et 34 apportent sur l'armoire des précisions qui permettent de comprendre l'inquiétude de l'auteur.
Ligne 37 indique l'expression du visage de la mère.

12 Le présent et le passé composé (p. 94 à 97)

Grammaire

Document
– Présent de l'indicatif : – Non : *j'ai, je m'appelle* s'inscrivent dans la durée ; *je me regarde, je trouve* évoquent des actions brèves, répétées.
– Elle a eu, j'ai trouvé…

1 Le présent

– Présent d'habitude : *je me regarde, je trouve*,
présent prolongé : *j'ai, je m'appelle.*
– Je crois : verbe en re, désinence s à la première personne du singulier.

2 Le passé composé

– J'ai trouvé.

Exercices

1. 1 – Tu étudies…, tu rédiges…
Il étudie…, il rédige…
Nous étudions…, nous rédigeons…
Vous étudiez…, vous rédigez…
Ils étudient…, ils rédigent…

2 – Je franchis..., et découvre...
Tu franchis..., et découvres...
Nous franchissons..., et découvrons...
Vous franchissez..., et découvrez...
Ils franchissent..., et découvrent...
3 – Je veux...
Tu veux...
Il veut...
Vous voulez...
Ils veulent...

2. 1 – Je secoue..., tu secoues..., il secoue...
2 – Je pétris..., tu pétris..., il pétrit...
3 – Je farcis..., tu farcis..., il farcit...
4 – Je roussis..., tu roussis..., il roussit...
5 – Je lie..., tu lies..., il lie...
6 – Je garnis..., tu garnis..., il garnit...

3. 1 – L'hôtesse accueille... qui lient...
2 – Ces nouvelles activités créent...
3 – Les élèves paresseux échouent...
4 – Le joueur avoue... mais l'arbitre l'exclut.
5 – Ce bébé crie... il doit...
6 – Ma mère balaie... elle essuie...
7 - Je crains... si tu ne viens...
8 - Je couds... je veux...
9 - Tu bénéficies...
10 – Si tu résous...
11 – Je confonds...

4. 1 – Je, tu sais,
2 – Il, elle séduit,
3 – Je, tu reçois,
4 – Ils, elles noient,
5 – Tu découvres,
6 – Il, elle boit,
7 – Je, tu mets,
8 – Je, tu veux,
9 – Ils, elles aboient,
10 – Je, tu poursuis,`
11 – J', il, elle essaie,
12 – Je, tu peins.

5. 1 – Courir.
2 – Confier.
3 – Employer.
4 – Tournoyer.
5 – Feindre.
6 – Châtier.

7 – Insinuer.
8 – Comprendre.
9 – Brandir.
10 – Se taire.
11 – Décrire.
12 – Broyer.
13 – Crier.
14 – Égayer.

6. 1 – Présent prolongé.
2 – Présent d'habitude.
3 – Futur proche.
4 – Présent de vérité générale.
5 – Présent de l'instant.
6 – Présent de vérité générale.
7 – Passé récent.
8 – Présent du récit.

7. 1 – Qui *vole* un œuf *vole* un bœuf.
2 – L'œil du maître *engraisse* le cheval.
3 – Pierre qui *roule n'amasse* pas mousse.
4 – On *tue* un homme, on est un assassin, on *tue* des millions d'hommes, on est un conquérant.
5 – Certains *voient* la paille dans l'œil de l'adversaire et non la poutre dans le leur.
6 – Tout flatteur *vit* aux dépens de celui qui l'écoute.
7 – Les absents *ont* toujours tort.
8 – Tant *va* la cruche à l'eau qu'à la fin elle se brise.
9 – Il ne *faut* pas mettre la charrue avant les bœufs.
10 – On *prend* plus de mouches avec du miel qu'avec du vinaigre.

8. Alphonse Daudet emploie le présent afin de provoquer une rupture dans le rythme du récit et de rendre plus vivante l'histoire qu'il imagine.

9. 1 – Il a mangé rapidement et est sorti.
2 – Elle a regardé la vitrine mais n'a rien acheté.
3 – Ma tante m'a écrit et m'a donné de bonnes nouvelles.
4 – Si tu as cru ces histoires tu as été bien naïve.
5 – Il a pris le sac poubelle d'une main, son cartable de l'autre, et est arrivé au bureau avec le sac poubelle.
6 – Elle a souri et s'en est allée.
7 – Il a atteint son but : il est devenu célèbre.

10. a) et b) Je les ai vus (voir) participe passé employé avec avoir : accord avec le COD placé avant « les » (Claude et lui).
– Je suis sortie (sortir) participe passé employé avec être : accord avec le sujet «je» (Amandine).
– Je me suis dirigée (se diriger) verbe employé sous la forme pronominale : accord du participe passé avec le COD «me» («J'ai dirigé qui ?»).
– Claude m'a fait fête (faire) participe passé employé avec avoir, COD «fête» placé après : pas d'accord.

- Elle est venue (venir) participe passé employé avec être : accord avec le sujet «elle».
- Elle a oublié (oublier) participe passé employé avec avoir, COD «Kamicha» placé après : pas d'accord.

11. a) A été conçu : passé composé, mode indicatif.
Qui l'ont testé : passé composé, mode indicatif.
Se déclarent : présent, mode indicatif.
C'est : présent, mode indicatif.
Qui mérite : présent, mode indicatif.
Qui sommeille : présent, mode indicatif.
J'ai eu : passé composé, mode indicatif.
N'a été testé : passé composé, mode indicatif.

b) Phrase passive (ainsi que *jamais un produit minceur n'a été testé*) l'auxiliaire être accompagne toujours le verbe.

c) Mode indicatif : mode de la certitude,
Temps du discours : présent, passé composé. On veut convaincre les récepteurs. Les verbes au passé composé expriment des actions achevées dans le passé dont les effets se poursuivent dans le présent.

d) Se déclarent : présent de l'instant (1).
C'est : présent de l'instant (2).
Qui mérite : présent de l'instant (3).
Qui sommeille : présent de vérité générale (4).
(1), (2), (3) : Valeur qui souligne le caractère actuel de l'événement.
(4) : Flatteur pour les femmes à qui est destinée cette publicité.

12. Les familles de mots (p. 98)

Vocabulaire

Exercices

1. Battre : battoir, battement, batterie, abattre, abattoir…
Terre : terreau, terrier, atterrir, enterrer, terrasse…
Forme : former, formalité, formateur, déformer…
Pays : paysage, paysan, dépayser, paysagiste…

2. 1 – Cordonnier.
2 – Charogne.
3 – Navarin.
4 – Carnet.

3. a) Aquatiques.
b) Aqueux.
c) Aquarium.
d) Aquarelle.

4. Mots ayant tous rapport au cheval, mais leurs origines sont différentes. Cheval, du latin *caballus* (rosse), équestre du latin *equis* (cheval), hippocampe du grec *hippos* (cheval).

12. Préparation à la dictée (p. 99)

1. ais ou ai ? Imparfait ou passé simple.

« Plus il allait et plus il était pris par la puissance du chemin. À mesure qu'il avançait, il devenait sauvage. (…)
Tout à coup devant lui se leva une digue. (…) Il le gravit et il découvrit la rivière. (…)
Et il lui parut si terrible qu'il frissonna. »
À l'imparfait, les terminaisons en *ais* de la première personne deviennent *ait* à la troisième.
Au passé simple, les terminaisons en *ai* de la première personne deviennent *a* à la troisième.

2. L'emploi de ç

Son [s] avec c	Son [s] avec ç	Son [k]
avancer	avançait	comprendre
apercevoir	garçon	cueillette
préciser	aperçu	encadrer

12. L'argumentation (p. 100 et 101)

Expression écrite

Exercices

1. – Thème : le lait dans l'alimentation du jeune enfant.
– Thèse : le lait *Croissance de Candia* particulièrement adapté aux besoins du jeune enfant, prépare son avenir.
– L'examen de la thèse rejetée est remplacé par une mise en évidence de l'importance du lait pour la croissance et l'avenir de l'enfant (se construit, déterminantes, le lait doit, besoins très spécifiques…).
– Arguments : • le lait *Croissance* contient vingt fois plus de fer qu'un lait ordinaire,
• le lait *Croissance* contient des vitamines, du calcium et des lipides essentiels.
Conclusion de l'argumentation, notée en rouge en bas de la publicité : faire boire le lait *Croissance* à un jeune enfant, c'est bien préparer son avenir.

2. C'est pourquoi, car, et, aussi.

3. 1 – …*mais* le plus dangereux.
2 – …*néanmoins*, les embouteillages sont redoutables.
3 – …*cependant*, il faut tenir compte du coût de l'entretien.
4 – …*En revanche*, l'heure d'arrivée demeure incertaine.

13 L'imparfait, le passé simple, et leurs temps composés (p. 102 à 105)

Grammaire

Document

– Verbes à l'imparfait : était, faisait, était, adorait, s'inquiétait, n'était ; désinence ait.
– Verbes au passé simple : découvrit, sauta, écrivit, plusieurs désinences : it, a.
– Verbes conjugués avec auxiliaire : était parti (fut ramené : forme passive).

1 L'imparfait

Récit : verbes de la première phrase à l'imparfait pour exprimer une durée dans le passé.

2 Le passé simple

Découvrir : action qui survient tout à coup.
Était… son meilleur ami : le fait dure (arrière-plan).
} actions passées

4 Le plus-que-parfait

Verbe au plus-que-parfait : était parti.

Exercices

1. 1 – Présent.
2 – Imparfait.
3 - Passé simple.
4 – Imparfait.
5 – Présent.
6 – Imparfait.
7 – Passé simple.
8 – Imparfait.
9 – Présent.
10 – Imparfait.
11 – Passé simple.
12 – Imparfait.

2. 1 – Condition dans une subordonnée introduite par si.
2 – Demande polie.
3 – Action habituelle dans le passé.
4 – Action qui a été sur le point de se réaliser.
5 – Description.
6 – Action en cours d'accomplissement dans le passé.
7 – Description.
8 – Action habituelle dans le passé.
9 – Condition dans une subordonnée introduite par si.
10 – Action qui a été sur le point de se réaliser.

3. Les verbes au passé simple marquent une succession d'actions dans le passé.

4. L'auteur a utilisé l'imparfait pour évoquer des actions habituelles dans le passé.

5. 1 – Chaque matin je triais… et préparais…
Chaque matin tu triais… et préparais…
Chaque matin il triait… et préparait
Chaque matin nous triions… et préparions…
Chaque matin vous triiez… et prépariez…
Chaque matin ils triaient… et préparaient…
2 – Ce jour-là je triai… et préparai…
Ce jour-là tu trias… et préparas…
Ce jour-là il tria… et prépara…
Ce jour-là nous triâmes… et préparâmes…
Ce jour-là vous triâtes… et préparâtes…
Ce jour-là ils trièrent… et préparèrent…

6. J'avais l'habitude… je me blottissais… j'attendais… me découvrit… elle m'extirpa… et me corrigea.

7. Il savait… ne lui faisait : actions passées qui continuent à se dérouler.
On l'envoya : action passée qui survient tout à coup.
Ne voulait : action passée qui dure.
Arriva, vit, fit : succession d'actions dans le passé.
Mouraient : action passée qui continue de se dérouler.

8. 1 – je courus,
2 – je regardai,
3 – je pris,
4 – je fermai,
5 – il tourna,
6 – il reçut
7 – il mangea,
8 – il lut,
9 – nous traversâmes,
10 – nous criâmes,
11 – nous comprîmes,
12 – nous liâmes,
13 – tu fournis,
14 – tu pelas,
15 – tu revins,
16 – tu plaças.

9. 1 – j'avais reçu,
2 – nous avions crié,
3 – vous aviez ciré,
4 – il avait vu,
5 – tu avais lu,
6 – nous avions écrit,
7 – tu avais eu,
8 – il avait été,
9 – j'avais envoyé
10 – nous étions partis,
11 – j'eus reçu,
12 – nous eûmes crié
13 – vous eûtes ciré,
14 – il eut vu,
15 – tu eus lu,
16 – nous eûmes écrit,
17 – tu eus eu,
18 – il eut été,
19 – j'eus envoyé,
20 – nous fûmes partis.

10. Jouer : J'avais joué, tu avais joué,
vous aviez joué, ils avaient joué.
Sortir : J'étais sorti(e),
nous étions sortis, vous étiez sortis.
Arriver : Il était arrivé, elle était arrivée,
ils étaient arrivés, elles étaient arrivées.
Fendre : J'avais fendu, tu avais fendu,
ils avaient fendu, elles avaient fendu.

11. Jouer : J'eus joué, tu eus joué,
vous eûtes joué, ils eurent joué.
Sortir : Je fus sorti(e),
nous fûmes sortis, vous fûtes sortis.
Arriver : Il fut arrivé, elle fut arrivée,
ils furent arrivés, elles furent arrivées.
Fendre : J'eus fendu, tu eus fendu,
ils eurent fendu, elles eurent fendu.

12. Elle avait eu, s'était tué, mourut, se dispersèrent, la recueillit, l'employa, elle grelottait, buvait, elle entra, y devint, elle plaisait, la jalousaient.

13. 1 – J'avais reçu.
2 – Il eut entassé.
3 – J'eus compris.
4 – Nous eûmes dîné.

14. Eut achevé, eut lié : passé antérieur, actions accomplies avant une autre action passée.
Profita, cueillîmes, s'installa : passé simple, succession d'actions dans le passé.
Laissait : imparfait, description.
Était venue, n'avait pas apporté : plus-que-parfait, actions achevées dans le passé.

15. Avait, imparfait : action passée qui dure.
Tirait, imparfait : action passée qui continue de se dérouler (arrière-plan).
Vint, passé simple : action passée qui survient tout à coup (premier plan).
L'eut-il touché, passé antérieur : action accomplie avant une autre action passée.
Se désagrégea, devint, entra, ce fut, dura, fut avalé (forme passive), se retirèrent, remercia, passé simple : succession d'actions dans le passé.

13. Les noms composés (p. 107)

Vocabulaire

Exercices

1. 1 – Un pur-sang.
2 – Un abat-jour.
3 – Un cache-pot.
4 – Un passe-partout.
5 – Un pèse-lettre.
6 – Une épingle à nourrice.
7 – Un ouvre-bouteille.

2. 1 – Spécialiste dans les sciences qui étudient l'homme en société.
2 – Celui qui mange de la chair humaine.
3 – Récit de sa propre vie écrit par un auteur.
4 – Science qui étudie les êtres vivants.
5 – Étude de l'écriture des personnes.
6 – Auteur qui écrit l'histoire de la vie d'un personnage.

13. Inventer la fin d'un texte (p. 108 et 109)

Expression écrite

Exercices

1. a) De retour de Gascogne, le narrateur gare sa voiture sur une aire de stationnement de l'autoroute, au pied d'un pont couvert dans le restaurant où il déjeune.
b) Élément perturbateur : après déjeuner le narrateur ne retrouve plus sa voiture.
c) Le dénouement devra indiquer si le narrateur retrouve ou non sa voiture.

2. Les deux phrases présentent des anachronismes.

14 Les futurs (p. 110 à 113)

Grammaire

Document

– Récit lignes 1 à 3 (C'était… talent) verbes à l'imparfait.
– Discours lignes 3 à 6 (je suis parti… départ) verbes au passé composé et au présent (sauf elle était).
– Récit lignes 6 et 7 (Pour elle… Normandie) futur simple.
– Discours lignes 7 et 8 (Elle ne pouvait… j'y arriverais) verbes à l'imparfait, au passé composé, au futur du passé.

1 Le futur simple

– Futur simple : fera (ligne 6), sera (ligne 11), se mettra (ligne 12).
– À la ligne 6, dans le récit au passé, le futur simple marque un événement futur par rapport à ceux que l'on vient de raconter.

2 Le futur antérieur

– Dès qu'il aura tenu sa promesse Grégory reviendra voir sa grand-mère.

3 Le futur dans le passé

– Futur du passé : j'y arriverais (ligne 8).
– Je lui promets que j'y arriverai (futur simple).

Exercices

1. Je regarderai, nous regarderons,
Je fendrai, nous fendrons,
Je finirai, nous finirons,
Je croirai, nous croirons,
J'apercevrai, nous apercevrons,
Je crierai, nous crierons,
J'accomplirai, nous accomplirons,
j'atténuerai, nous atténuerons.

2. J'aurai regardé, nous aurons regardé,
J'aurai fendu, nous aurons fendu,
J'aurai fini, nous aurons fini,
J'aurai cru, nous aurons cru,
J'aurai aperçu, nous aurons aperçu,
J'aurai crié, nous aurons crié,
J'aurai accompli, nous aurons accompli,
J'aurai atténué, nous aurons atténué.

3. Je regarderais, nous regarderions,
Je fendrais, nous fendrions,
Je finirais, nous finirions,
Je croirais, nous croirions,
J'apercevrais, nous apercevrions,
Je crierais, nous crierions,
J'accomplirais, nous accomplirions,
J'atténuerais, nous atténuerions.

4. 1 – …nous ferons…
2 – …nous aura éveillés … nous prendrons … nous quitterons … nous entamerons …
3 – …nous aurons gravi … nous atteindrons … nous nous reposerons.

5. 1 – Atténuation d'une demande.
2 – Expression d'un ordre.
3 – Fait qui aura lieu dans l'avenir par rapport au moment où l'on parle.
4 – Futur par rapport à des événements passés.
5 – Futur antérieur : action accomplie dans l'avenir avant l'action exprimée au futur simple. Le futur simple exprime un ordre.
6 – Fait qui aura lieu dans l'avenir.
7 – Futur par rapport à des événements passés.
8 – Futur antérieur : l'action sera accomplie dans l'avenir. Futur simple : fait qui aura lieu dans l'avenir.
9 – L'action sera accomplie dans l'avenir.
10 – Atténuation d'une demande.

6. Verbes au futur du passé : irait, serait.

7. 1 – J'enverrai (envoyer).
2 – Créera (créer).
3 – Nous jouerons (jouer).
4 – Mourra (mourir).
5 – Vous justifierez (justifier).
6 – Ils courront (courir).
7 – Je plierai (plier).
8 – Nous pourrons (pouvoir).
9 – Vous situerez (situer).
10 – Je verrai (voir).

8. a) b) et c)

Parties du texte au discours direct	Périodes de la durée	Temps des verbes
Lignes 8 à 11 (« Quand nous avons… tiendrait »)	passé	– avons eu : passé composé – avons réalisé : passé composé – tiendrait : futur du passé
Lignes 13 à 20 («aujourd'hui… étapes»)	présent	– que se passe-t-il : présent – travaillent : présent – passent : présent – vont : présent (valeur : futur proche) – a : présent – se passe : présent – veut : présent
Lignes 32 à 36 (« Ça va… plage »)	avenir	– va : présent (valeur : futur proche) – pourra : futur simple – aura : futur simple
Lignes 39 à 42 (« Vous pourrez… écran »)	avenir	– pourrez : futur simple
Lignes 46 à 51 : discours direct (« Tout sera… jamais vu ») sauf à la ligne 49 « dit Martin Reidy » qui est du récit. Ceci doit être signalé à la manière d'une exception.	avenir présent	– sera : futur simple – sommes : présent – aura : futur simple – (dit), récit : présent – c'est : présent – permettra : futur simple

9.

	Présent	Passé simple	Imparfait	Futur	Futur du passé
Temps simples	je marche je sors	je marchai je sortis	je marchais je sortais	je marcherai je sortirai	je marcherais je sortirais
	Passé composé	**Passé antérieur**	**Plus-que parfait**	**Futur antérieur**	**Futur antérieur du passé**
Temps composés	j'ai marché je suis sorti(e)	j'eus marché je fus sorti(e)	j'avais marché j'étais sorti(e)	j'aurai marché je serai sorti(e)	j'aurais marché je serais sorti(e)

14. Sujet d'examen (p. 114 et 115)

Préparation au brevet

1. Grammaire

1 – Fonction de – « drôle » : attribut du sujet *le maître*.
– « trois cubes de couleurs différentes » : complément d'objet direct du verbe *sortis*.

2 – Une proposition subordonnée relative : *où jamais un mot de français ne fut un jour prononcé* (antécédent : *montagne*) l. 5.

3 – Un verbe à l'imparfait : *venais* (je venais de loin) l. 4.

– Un verbe au passé simple : *accompagna* (Le premier jour, mon père m'accompagna) l. 6. Ces deux temps situent l'action dans le passé. Le passé simple met en relief, comme en premier plan, les faits qui font progresser l'histoire : l'entrée à l'école, ce qui se passe pendant les premiers jours, etc.

2. Vocabulaire

1 – Un synonyme de «conclut» : *termina*.
Le match va se conclure sur un score nul.
2 – La boulimie est une grande faim, un besoin exagéré de manger. Il s'agit ici d'un emploi métaphorique de ce terme : la narratrice a envie de lire comme le boulimique a envie de manger, elle a une envie excessive de lectures, elle n'a jamais assez lu.
3 – L'expression «brûler les étapes» (l. 45) est bâtie sur le même modèle : comme le courrier qui ne prend pas le temps de se reposer et de laisser reposer son attelage aux étapes, la narratrice ne prend le temps d'aucune pause dans sa progression studieuse.

3. Compréhension

1 – La fillette est sans doute originaire des montagnes berbères du Haut Atlas, au Maghreb. Les éléments du texte qui le montrent : chez elle, on parle le berbère (l. 19). Il s'agit d'un pays de religion musulmane puisqu'elle allait à l'école coranique (l. 14), un pays de hautes montagnes (l. 4), où l'on cuisine des tajines (l. 50), sans doute sous l'administration coloniale française puisque l'école est tenue par une française, madame Simone (l. 7) et qu'on y apprend le français.
2 – Les deux mondes auxquels fait allusion la fillette sont, d'une part le monde qu'elle a connu jusqu'alors, le monde de son village perdu dans le Haut Atlas, avec sa langue et ses coutumes ancestrales (l. 13/14), et, d'autre part, le monde de la plaine, de la vie nouvelle, avec ses publicités, ses hôtels, ses magasins (l. 39), le monde de la modernité symbolisée par l'école française.
3 – Sa soif d'apprendre maintient constamment la fillette dans un état de précipitation, de surexcitation désordonnée. On relève dans le texte : «tout se mélangeait <u>dans ma tête</u> (l. 16) où régnait <u>un désordre inquiétant</u> (l. 17)… Les chiffres que je classais <u>n'importe comment</u>, <u>se bousculaient en permanence</u>… <u>J'étais souvent débordée</u>.»

15 L'impératif – le conditionnel – le subjonctif (p. 116 à 119)

Grammaire

Document

– Vouloir (ligne 3) : présent, perdre (ligne 4) : présent, pleurer (ligne 7) : présent.
– Tu ne voudrais, que je perde, ne pleure pas.
– Il ne voudrait, qu'il perde, ne pleurons pas.
– Nous ne voudrions, que nous perdions.
Même temps mais désinences différentes car les modes sont différents.

1 L'impératif

– Ne pleure pas, infinitif : pleurer.

2 Le conditionnel

– Tu ne voudrais : le conditionnel exprime une supposition.

3 Le subjonctif

– Que je perde : le subjonctif dû à la forme interrogative de la phrase exprime la crainte de la mère.

Exercices

1.

Faits certains		Conseils		Faits envisagés	
Verbes	**Modes**	**Verbes**	**Modes**	**Verbes**	**Modes**
restent	indicatif	utilisez-les	impératif	ne soit	subjonctif
existe	indicatif	essayez	impératif	que vous ayez	subjonctif
ont	indicatif	surélever	infinitif		
ajouteront	indicatif	placer	infinitif		
fleurissent	indicatif	ne vous laissez pas	impératif		
diffusent	indicatif				
ont	indicatif				
retombent	indicatif				
il faut	indicatif				

2. – Danser : danse, dansons, dansez (présent).
Aie dansé, ayons dansé, ayez dansé (passé).
– Crier : crie, crions, criez (présent).
Aie crié, ayons crié, ayez crié (passé).
– Faire : fais, faisons, faites. (présent)
Aie fait, ayons fait, ayez fait (passé).
– Couvrir : couvre, couvrons, couvrez (présent).
Aie couvert, ayons couvert, ayez couvert (passé).
– Jeter : jette, jetons, jetez (présent).
Aie jeté, ayons jeté, ayez jeté (passé).
– Craindre : crains, craignons, craignez (présent).
Aie craint, ayons craint, ayez craint (passé).
– Accueillir : accueille, accueillons, accueillez (présent).
Aie accueilli, ayons accueilli, ayez accueilli (passé).
– Agir : agis, agissons, agissez (présent).
Aie agi, ayons agi, ayez agi (passé).
– Dire : dis, disons, dites (présent).
Aie dit, ayons dit, ayez dit (passé).
– Savoir : sache, sachons, sachez (présent).
Aie su, ayons su, ayez su (passé).

3. 1 – Ouvre… et ferme…
2 – Ne fais pas…
3 – Rabats…
4 – Couche… et endors-le.
5 – Sors…
6 – Attends…

4. 1 – …accueille-les…
2 – …donne-lui…
3 – …donne-la-lui.
4 – …Avoue-le.
5 – …Soigne-le.

5. 1 – …penses-y.
2 – …donnes-en…
3 – …souviens-t'en.
4 – …garde-m'en.
5 – …serts-t'en.
6 – …parlez-m'en.

6. 1 – Fait dont on ne garantit pas l'exactitude.
2 – Supposition.
3 – Fait imaginaire.
4 – Demande polie.
5 – Action soumise à une condition.
6 – Supposition.

7. 1 – Si j'étais passé(e) … tu serais resté(e)…
2 – S'il avait plu … seraient sortis.
3 – Si j'avais joué, … j'aurais gagné.
4 – …aurait avoué.
5 – …m'aurait coûté.
6 – J'aurais aimé…
7 – Si j'avais pu … j'aurais tenu…
8 – Si tu avais voulu, tu serais venu(e)…

8. 1 – Je souhaite que tu finisses…
Je souhaite que tu aies fini…
2 – Je crains qu'ils bâtissent…
Je crains qu'ils aient bâti…
3 – Pourvu que nous arrivions…
Pourvu que nous soyons arrivés…
4 – Il ne faut pas qu'il rie…
Il ne faut pas qu'il ait ri…
5 – En attendant que vous veniez…
En attendant que vous soyez venus…
– Verbes au mode subjonctif
– (1), (2), (4) : subordonnées introduites par «que» après des verbes marquant le souhait, la crainte, la volonté.
– (3) proposition indépendante exprimant un souhait.
– (5) proposition circonstancielle introduite par : en attendant que.

9. a) Consignes données au mode impératif.
b) Mélange … Utilise … n'immerge … Fais … Passe-la … Trempe … et frotte … Sèche-le.
c) Qu'elle mélange … Qu'elle utilise … qu'elle n'immerge … Qu'elle fasse … Qu'elle la passe … Qu'elle trempe … et qu'elle frotte … Qu'elle le sèche…

15. La formation des verbes (p. 120)

Vocabulaire

▬ Exercices

1. Accorder, ébarber, tourmenter, loger, valoriser, remédier, coller, coloniser, goûter, champagniser, vinifier.
2. Acidifier, amplifier, enrichir, appauvrir, anoblir, imperméabiliser, régionaliser, liquéfier, mobiliser, mensualiser, culpabiliser, normaliser.
3. 1) rêvassait ; 2) criailler ; 3) mâchonner ; 4) gratouiller.
4. Renforcer, affaiblir, alourdir, alléger, arrondir, emmagasiner, enneiger, assainir, assouplir, embouteiller, amerrir.

15. Préparation à la dictée (p. 121)

1. L'accord du participe passé employé avec l'auxiliaire *avoir*
1 – Isabelle a beaucoup d'amis ; elle les a retrouvés avec plaisir.
2 – L'avez-vous vue, cette étoile filante ?
3 – La sortie à laquelle nous avons pensé est compromise.

2. Chaque
1 – Chaque matin, Sylvie prend le train de banlieue.
2 – Il va falloir fouiller chaque visiteur de l'exposition.
3 – Chaque maison, chaque appartement, chaque garage fut visité.

3. Les verbes commençant par *ap-*
Apprendre, apprivoiser, appeler, apporter, approuver.

16 L'adverbe (p. 122 à 125)

Grammaire

Document
– Là se dressaient de très vieilles souches, qui plongeaient sans doute leurs racines…
• Changements : – le verbe dressait devient dressaient,
plongeait devient plongeaient ;
– les déterminants : un est remplacé par de (le nom précédé d'une épithète, l'article des devient de), ses est remplacé par leurs.
– l'adjectif : vieux devient vieille.
• Les mots qui demeurent invariables : – les pronoms se (le sujet est resté à la troisième personne), qui (la fonction du pronom relatif reste la même) ;
– les adverbes : là, très, sans doute.

Le changement de nombre et de genre du nom a entraîné le changement de nombre et de genre de l'adjectif qui s'y rapporte. Les adverbes sont demeurés invariables malgré le changement de nombre des verbes, de nombre et de genre de l'adjectif, dont ils précisent le sens.
– Les indications de temps sont fournies par les verbes qui situent les actions dans le passé, les adverbes et locutions adverbiales qui indiquent la négation temporelle, la fréquence, le moment… On pourra faire remarquer aux élèves que le changement d'adverbe entraînerait un changement de sens (Elle était souvent retournée…).

1 Qu'est-ce qu'un adverbe ?

– Là, adverbe, précise le sens du verbe se dressait.
– Si, adverbe, précise le sens de l'adjectif juste.

2 Que marquent les adverbes ?

– Adverbe de manière : longuement (ligne 7).
– Locution adverbiale de négation : ne … jamais (ligne 6, ligne 9).
– Comparatif d'égalité : Aussi … que (ligne 4).

Exercices

1. – Beaucoup, un peu : adverbe, locution adverbiale.
– Des économies : groupe nominal, COD.

2. – Parfois (s'en offrait).
– Désespérément (secs).
– Enfin (étrenner).
– Brusquement (déployer).
– Tout d'un coup (lisse et tendue).
– Immuablement (bleu).
– Immanquablement (rappeler à l'ordre).

3. 1 – Soigneusement.
2 – Prudemment.
3 – Ardemment.
4 – Clairement.
5 – Elégamment.
6 – Nettement.
7 – Bruyamment.
8 – Pesamment.

4. 1 – oui.
2 – si.
3 – non.
4 – si.
5 – non.
6 – si.

5. 1 – Plus tôt, si tôt.
2 – Parfois.
3 – De suite.

4. – Tout de suite.
5 – Tout de suite.
6 – De suite.
7 – sitôt, sitôt.
8 – sitôt, si tôt.

6. 1 – Droits, adjectif épithète de traits (accord).
2 – Droit, adverbe qui se rapporte à marcher (pas d'accord).
3 – Nets, adjectif qualificatif attribut de vêtements (accord).
4 – Net, adverbe qui se rapporte à parler (pas d'accord).
5 – Court, adverbe qui se rapporte à coupés (pas d'accord).
6 – Courts, adjectif qualificatif attribut de ils (accord).
7 – Haut, adverbe qui se rapporte à volent (pas d'accord).
8 – Hauts, adjectif qualificatif épithète de meubles (accord).
9 – Juste, adverbe qui se rapporte à chantent (pas d'accord).
10 – Justes, adjectif qualificatif attribut de solutions (accord).
11 – Bon, adverbe qui se rapporte à tenez (pas d'accord).
12 – Bons, adjectif qualificatif épithète de fruits (accord).
13 – Clair, adverbe qui se rapporte à voyons (pas d'accord).
14 – Clairs, adjectif qualificatif épithète de yeux (accord).

7. Au moment des fortes chaleurs de l'été, parfois, nous allions pique-niquer sous le gros noyer. Petit-Pierre nous disait : «Il faut prendre du coca, c'est meilleur que l'eau.» Sa mère répondait : «Peut-être, mais le coca n'est pas aussi bon pour la santé.» Petit-Pierre boudait un peu, mais il oubliait tout de suite et nous passions une bonne journée.

8. Madame de Sévigné utilise la répétition du superlatif de supériorité : la plus...

9. 1 – a) Nathalie parle autant que...
b) Nathalie parle moins que...
c) Nathalie parle davantage que...
2 – a) Ce conférencier s'exprime aussi bien que...
b) Ce conférencier s'exprime moins bien que...
c) Ce conférencier s'exprime mieux que...
3 – a) Ce paysage est aussi beau qu'...
b) Ce paysage est moins beau qu'...
c) Ce paysage est plus beau qu'...
4 – a) Ce gâteau sera aussi bon que...
b) Ce gâteau sera moins bon que...
c) Ce gâteau sera meilleur que...

16. La formation des adjectifs (p. 126)

Vocabulaire

Exercices

1. Départemental, communal, pôlaire, continental, océanique, cantonal, paroissial, courageux, craintif, audacieux, dramatique, nuageux, anecdotique.

2. Bleuir, charmer, charmer, tromper, séduire, enchanter, surprendre, resplendir, qualifier, effrayer, éclater, garnir.

3. Définissable, corrigible, visible, mangeable, lavable, acceptable, repérable.

16. La formation des adverbes (p. 127)

Vocabulaire

Exercices

1. Amicalement, fermement, évidemment, rapidement, admirablement, pauvrement, sûrement, pleinement, prudemment, vigoureusement, anormalement, grandement, petitement, puissamment.

2. Obscurément, précisément, assurément, ingénument, communément, confusément, obstinément, énormément.

3. Adverbes : 1 ; 2 ; 4 ; 6 ; 8.
Adjectifs : 3 ; 5 ; 7 ; 9.

4. 1 – Tout (pronom), de (préposition), suite (nom).
2 – Après (préposition), demain (adverbe).
3 – Là (adverbe), dessus (adverbe).
4 – Tou(t) (pronom), jours (nom).
5 – Aussi (adverbe), tôt (adverbe).
6 – À (préposition), côté (nom).

17 Le sujet et l'attribut (p. 128 à 131)

Grammaire

Document

– Dans la première phrase prononcée par Meaulnes : le GN sujet est «vous», le GV est «êtes belle».
– GN sujet du verbe s'avança : Meaulnes.
– GN sujet du verbe marchait : la jeune fille.

1 Le sujet

– Un groupe nominal sujet : Le jeune homme (l. 4).
– Un pronom sujet : il (l. 2).
– Il faut (l. 14). Le verbe est *faut*, le GN sujet est le pronom impersonnel *il*.

2 L'attribut du sujet

– « Vous êtes belle », adjectif attribut du sujet : *belle*. L'accord se fait avec le sujet du verbe, au féminin singulier puisque le pronom-indice *vous* désigne la jeune fille (*vous* de politesse).
« Ses chevilles étaient si fines qu'elles pliaient par instants... », adjectif attribut du sujet : *fines*. Accord au féminin pluriel avec le sujet *ses chevilles*.

Exercices

1. La chatte est sortie.
Les voiliers sortiront ce soir.
Le Parlement se réunit ce mois-ci.
Les représentations vont être nombreuses.

2. a) Le manœuvre hache les épinards.
Le manœuvre gâche le ciment.
Une jolie blonde hache les épinards.
Une jolie blonde gâche le ciment.
L'imperméable ruisselle.
Ton chien ruisselle.
Le sommeil répare les forces.
Des contraintes de sens interdisent d'associer n'importe quel GN sujet à n'importe quel GV. Par exemple, le verbe *ruisseler* accepte difficilement pour sujet un humain (*Le manœuvre ruisselle*), plus facilement un animé (*ton chien ruisselle*). Notons que gâcher le ciment n'est pas forcément une tâche réservée aux hommes...
b) Le langage poétique permet de rechercher librement les associations de mots d'où pourra naître la beauté.

3. 1 – Michel : groupe nominal (réduit à un nom).
2 – Il : pronom personnel.
3 – La voiture qu'il conduisait : groupe nominal étendu (dans la proposition subordonnée relative, le GN sujet est le pronom *il*).
4 – Ceux qui l'ont vu en course : groupe nominal étendu, composé d'un pronom démonstratif et d'une proposition subordonnée relative (dans la proposition subordonnée relative, le GN sujet est le pronom relatif *qui*).
5 – Gagner à tout prix : verbe à l'infinitif (avec son complément).
6 – Que cela soit dangereux : proposition subordonnée conjonctive.
7 – Nous : pronom personnel.

4. 1 – Je vous offre mes skis ; les <u>prenez</u>-vous ? (prendre, présent de l'indicatif).
2 – Quels champions ! ils nous <u>donneront</u> encore beaucoup d'extraordinaires spectacles (donner, futur de l'indicatif).
3 – Cette pièce, Anne et sa sœur la <u>voyaient</u> pour la première fois (voir, imparfait de l'indicatif).
4 – Dominique, avec ses deux complices, <u>entreprendrait</u> (ou entreprendraient) volontiers un autre grand voyage (entreprendre, présent du conditionnel).
5 – Sans doute <u>reverrons</u>-nous ces promeneurs un de ces jours (revoir, futur de l'indicatif).
6 – Ce sont ses amis ; Guillaume ne les <u>critique</u> pas à la légère (critiquer, présent de l'indicatif).

5. 1 – Une colombe s'envole (inversion impossible).
2 – Dans l'aurore paisible s'envole une colombe.
3 – Dans quelques heures, ils auront appareillé (inversion impossible).
4 – Peut-être, dans quelques heures, auront-ils appareillé.
5 – Depuis quelques instants, dans le calme du soir, montait le chant du rossignol.
6 – Dans le calme du soir montait le chant du rossignol.
7 – Devant ses yeux émerveillés, sur une estrade tendue de riches draperies, défilèrent des robes somptueuses, présentées par d'adorables mannequins.
8 – Du vestibule montaient les éclats d'une violente dispute.

6. Les inversions du sujet (ordre verbe-sujet) sont :
«coule la Seine» (2 fois),
«Faut-il»,
«Vienne la nuit» (4 fois),
«sonne l'heure» (4 fois),
«passe l'onde…»,
«Passent les jours»,
«passent les semaines».
À l'exception de la construction interrogative (faut-il), on remarque que cette inversrion de l'ordre sujet-verbe aboutit toujours à mettre en évidence, à mettre en relief, un verbe marquant le déroulement inexorable du temps : couler, venir, sonner (la sonnerie de l'horloge), passer ; déroulement inexorable du temps qui est, bien sûr, le thème du poème.

7. 1 – C'est lui qui <u>est parti</u> en vacances.
2 – C'est nous qui <u>sommes arrivés</u> les premiers.
3 – C'est toi qui <u>as eu</u> raison.
4 – C'est moi qui <u>suis sorti</u> (ou suis sortie) en retard.
5 – C'est vous qui <u>avez fait</u> le plus gros du travail.
6 – Ce sont eux qui <u>ont rentré</u> le bois.

8. Le froid, le vent, la pluie, la neige, tout lui était indifférent.
Ses parents, ses amis, son travail, rien ne l'intéressait.
Les passants attardés, les deux agents en faction devant le consulat, les chiens errants même, personne ne semblait prêter attention à son bizarre accoutrement.

9. 1 – Immense (adjectif qualificatif).
2 – Un abri confortable (groupe nominal).
3 – D'immenses tentacules (groupe nominal).
4 – Ce qui m'attire (proposition subordonnée).
5 – Pas d'attribut du sujet dans cette phrase.
6 – Supprimer un témoin fidèle du passé (verbe à l'infinitif avec son complément).

10. La mer démontée semble impressionnante.
La mer démontée paraît impressionnante.
La mer démontée devient impressionnante.
La mer démontée reste impressionnante.

11. 1 – Le malade sortit rassuré, l'adjectif attribut du sujet *rassuré* s'accorde en genre et en nombre avec le sujet *le malade*, masculin singulier.

2 – Les spectateurs étaient repartis déçus, l'adjectif attribut du sujet *déçus* s'accorde en genre et en nombre avec le sujet *les spectateurs*, masculin pluriel.

17. Sujet d'examen (p. 132 et 133)

Préparation au brevet

1. Grammaire

1 – Durant toute la promenade qu'elles s'accordaient pour se changer les idées, à l'heure où elles auraient normalement dû déjeuner, elles souffrirent.

2 – a) « maigre » : adjectif qualificatif.

b) « religieuse » : nom commun.

3 – a) « dans la pâtisserie » : complément essentiel de lieu.

b) « les petites robes d'été » : complément direct d'objet du verbe *regarda*.

2. Vocabulaire

1 – a) «S'attarder» : rester longtemps.

b) « Instinctives » : inconscientes.

2 – a) « Changer » : changement (proche du sens dans le texte : *distraction*).

b) « Essayer » : essayage (proche du sens dans le texte : *tentative*).

c) « Intéresser » : intérêt.

3. Compréhension

1 – L'héroïne est d'abord affamée. On peut dire aussi qu'elle est gourmande puisqu'elle choisit d'étancher sa faim avec des gâteaux, c'est-à-dire avec des aliments sucrés au goût agréable.

2 – Au lieu de demander, comme c'est l'usage : « C'est pour manger tout de suite ?», la pâtissière, qui a compris que sa cliente était en proie à une violente envie de gâteaux et ne pouvait attendre une minute de plus, a utilisé, en matière de plaisanterie, le verbe *engloutir*, qui signifie *avaler gloutonnement*, à la place de *manger*.

3 – a) Dans le premier paragraphe, le personnage souffre extrêmement de la faim. Il n'est plus lui-même, il est dans un état second, il éprouve une impression de vide, d'absence.

b) Dans le dernier paragraphe, la souffrance a disparu, le personnage est rassasié. Il redevient lui-même et retrouve toute sa bonne humeur.

18 Les compléments du verbe (p. 134 à 137)

Grammaire

Document

- Groupe verbal de la première phrase : « trouvai une foule de gens et d'objets ». Groupe verbal de la deuxième phrase : « rangeait des souliers, des ustensiles, des livres ».
- Un constituant non essentiel de la première phrase : « quand je descendis à la salle à manger ». Un constituant non essentiel de la deuxième phrase : « dans deux caisses de bois blanc ».

1 Le complément d'objet

- Le groupe nominal «*des lingeries*» (l. 4) est complément d'objet direct du verbe «*pliait*». Le groupe nominal prépositionnel «*à mon idée*» (l. 13) est complément d'objet indirect du verbe «*as pensé*».
- La proposition subordonnée conjonctive «que la vie ne te réserve rien de pire» est complément d'objet du verbe *souhaite*.

2 Le complémént circonstanciel

- Mon père rangeait des souliers où ? Réponse : «dans deux caisses de bois blanc».
- Une proposition subordonnée complément circonstanciel : la proposition conjonctive «*quand je descendis à la salle à manger*».

Exercices

1. 1– Une lourde charge : groupe nominal.
2 – Une voiture : groupe nominal ; la : pronom personnel.
3 – Pas de complément d'objet.
4 – Sentir l'odeur puissante de la marée : verbe à l'infinitif et son complément.
5 – De grands voyages : groupe nominal prépositionnel. Que son rêve n'était pas réalisable : proposition subordonnée.
6 – À dormir : infinitif prépositionnel.
7 – Par ce que j'ai vu là-bas : proposition subordonnée.
8 – Olivier : groupe nominal. Lui : pronom personnel. Tout : pronom indéfini.
9 – Sa roue : groupe nominal. L'(la élidé) : pronom personnel.
10 – D'importants moyens de navigation : groupe nominal prépositionnel.

2. 1 – Ce petit chien n'obéit jamais à son maître.
2 – Le douanier consentit enfin à nous laisser repartir.
3 – Laurent ne pouvait se débarrasser de ces images de cauchemar.
4 – Tu peux compter sur ton ami.
5 – Chaque minute qui passait nous rapprochait de la séparation tant redoutée.
6 – Le fugitif avait encore réussi à échapper à ses poursuivants.
7 – Thierry ne pouvait s'empêcher de penser à elle.

3. Les électeurs ont compris le message de leur candidat.
Le navigateur regarda le ciel.
J'ai reconnu un ancien camarade de classe.

4. Ses parents doutent de sa bonne volonté.
Le cheval obéissait à son cavalier.
Les Anglais se sont emparés de la ville de Calais.

5. Depuis son dernier discours, les électeurs ont compris le message de leur candidat.
Sur la passerelle, le navigateur regardait le ciel.
En allant acheter le pain, j'ai reconnu un ancien camarade de classe.
Parce qu'il les a déjà déçus, ses parents doutent de sa bonne volonté.
Le cheval obéissait parfaitement à son cavalier.
Les Anglais se sont emparés de la ville de Calais durant la guerre de Cent Ans.
Tu as dormi pendant dix heures.
À son retour, il paraissait harassé.
Tous les verbes de la liste peuvent se construire avec un complément circonstanciel.

6. 1 – a) Marc transporte quoi ?
b) Qu'est-ce que Marc transporte ?
2 – a) Le passant a salué qui ?
b) Qui est-ce que le passant a salué ?
3 – a) Il connaissait qui ?
b) Qui est-ce qu'il connaissait ?
4 – a) Marjolaine a rencontré qui ?
b) Qui est-ce que Marjolaine a rencontré ?

7. 1 – a) Agnès compte sur quoi ?
b) Sur quoi est-ce que Agnès compte ?
2 – a) L'inspecteur s'intéresse à quoi ?
b) À quoi est-ce que l'inspecteur s'intéresse ?
3 – a) Le suspect se méfie de quoi ?
b) De quoi est-ce que le suspect se méfie ?
4 – a) Marjolaine parle à qui ?
b) À qui est-ce que Marjolaine parle ?

8. 1 – Sophie connaît Anne ; elle l'appellera dès qu'elle le pourra.
2 – Olivier adore les fraises ; il en mange souvent.
3 – Pierre a vu le match, il en parle à Charles.
4 – Sophie a oublié son crayon ; si vous en avez un de trop, faites-le lui passer.
5 – Mes parents ont demandé s'il restait des places pour le gala de ce soir ; on leur a répondu qu'on ne le savait pas.
6 – Tu penses à notre départ ; j'y pense aussi (*ou bien* : moi aussi).
7 – Mes frères arrivent ; c'est sur eux que je compte pour m'aider.

9. 1 – Ce parfum rend le gâteau succulent.
2 – Le président du tribunal déclare l'accusé innocent.
3 – Franchement, j'ai toujours trouvé tous ces exercices fastidieux.

10. 1 – Mercredi prochain : groupe nominal.
2 – Pour jouer la finale : verbe à l'infinitif introduit par une préposition.
3 – À Toulouse : groupe nominal prépositionnel.
– Grâce à sa tactique de jeu : groupe nominal prépositionnel.
4 – Facilement : adverbe.
– Parce qu'elle est bien entraînée : proposition subordonnée.

11. 1 – Mercredi prochain (Mon équipe gagnera le match mercredi prochain).
2 – À Toulouse (Mon équipe gagnera le match à Toulouse grâce à sa tactique de jeu).
3 – Grâce à sa tactique de jeu (Grâce à sa tactique de jeu, mon équipe gagnera le match à Toulouse).
4 – Parce qu'elle est bien entraînée (Parce qu'elle est bien entraînée, mon équipe gagnera facilement le match).

12. 1 – Nous revenons du pensionnat ; nous y avons ramené le petit cousin.
2 – Nous revenons du pensionnat ; nous en avons ramené le petit cousin.
3 – Il n'est pas possible de remplacer le complément circonstanciel *à cinq heures* par un pronom.

13. Dans les phrases de l'exercice 12, les compléments de circonstance que l'on a pu remplacer par un pronom sont :
au pensionnat, complément circonstanciel de lieu ;
du pensionnat, complément circonstanciel de lieu.

18. Les champs lexicaux (p. 138)

Vocabulaire

▬ Exercice

1. a) Avocat, commis d'office, défense, accusé, le juge d'instruction, permis de communiquer, le juge.
   b) Champ lexical de la guerre.

18. Préparation à la dictée (p. 139)

1. Les adjectifs verbaux en *-ant* ou *-ent*

1 – Des promeneurs négligents avaient mis le feu à la forêt.
2 – C'est plutôt en intriguant qu'il pense réussir.
3 – Les semaines précédentes il avait fait très froid.
4 - Il cherchait volontiers la bagarre, provoquant même parfois son adversaire.

2. L'accord du participe passé des verbes au passif

1 – Les malfaiteurs étaient poursuivis par la police.
2 – En raison du brouillard, les avions seront détournés sur Bruxelles.
3 – La place était encombrée par le marché hebdomadaire.
4 – Les grands peupliers avaient été couchés par la tempête.

3. Les mots de la famille de *siffler*

Siffloter, sifflement, sifflet, siffleur, persifleur.

19 L'adjectif qualificatif Le complément de détermination (p. 140 à 143)

Grammaire

Document

– L'auteur indique les couleurs, l'aspect, l'intensité, les mouvements des lumières de New York.
– L'auteur utilise les adjectifs qualificatifs : blanche, jaune … mobiles, les compléments de détermination : bain de lumière…

1 L'adjectif qualificatif

– Belle : genre et nombre déterminés par le nom heure.
  Blanche, jaune… : genre et nombre déterminés par le nom lumière.
– Épithète liée : belle (heure).
  Épithète détachée : jaune, rouge … (lumière),
  vides, noirs … (les gratte-ciel).

2 Le complément de détermination

– Un soir d'hiver : indique la saison, construit avec la préposition d'.
La plus belle heure de Broadway indique le lieu, construit avec la préposition de.

Exercices

1. 1 – Un chandail *bleu*.
2 – Des robes *bleu-marine*.
3 – Des foulards *verts*.
4 – Des tissus *écarlates*.
5 – Des ballerines *rouge foncé*.
6 - Des jupes *roses*.
7 – Des gants *marron*.
8 – Des cheveux *noirs*.
9 – Des chevelures *blond foncé*.
10 – Des châles *orange*.
11 – Des nuages *gris sombre*.
12 – Des jacinthes *bleues*.
Remarque : fauve n'a pas été placé dans la liste de l'encadré car c'est l'adjectif qui a donné naissance au nom.

2. 1 – Des tables *anciennes*.
2 – Une femme et un homme *pauvres*.
3 – Des remarques *cruelles*.
4 – Des filles et des garçons *rieurs*.
5 – Des réactions *sottes*.
6 – Une classe *attentive*.
7 – Une jeune femme *fière*.
8 – Une corneille et un merle *noirs*.
9 – Un verrou et une clé *rouillés*.
10 – Une pension *chère*.

3. 1 – Un bel oiseau.
2 – Un nouvel ami.
3 – Un vieil ours.
4 – Un fol entêtement.
5 – Un mol oreiller.
6 – Le nouvel an.

4. Les adjectifs étant terminés au singulier par S ou X, ils ne changent pas au pluriel.

5. 1 – Des accidents banals.
2 – Des élèves loyaux.
3 – Des voisins joviaux.
4 – Des gestes brutaux.
5 – Des événements fatals.
6 – Des trains régionaux.
7 – Des livres nouveaux.
8 – Des records mondiaux.
9 – Des endroits idéaux (idéals).
10 – Des bruits infernaux.
Remarque : adjectifs en al ayant leur pluriel en als : banal (mais pluriel en aux lorsqu'il s'agit d'un terme de féodalité), bancal, fatal, fractal, natal, naval, tombal, tonal. Hésitation dans les dictionnaires entre idéals et idéaux.

6. 1 – Un homme grand : antonyme de petit,
Un grand homme : synonyme de célèbre.
2 – Sa propre maison : maison qui est vôtre,
Maison propre : antonyme de sale.
3 – Une sale affaire : synonyme de mauvaise,
Des affaires sales : antonyme de propres.
4 – Un brave homme : synonyme de gentil,
Un homme brave : synonyme de courageux.
5 – Un ouvrier pauvre : antonyme de riche,
Un pauvre ouvrier : synonyme de malheureux.

7. 1 – Pâle, frêle, heureuse : attributs du sujet elle.
2 – Grande : attribut du sujet Mademoiselle Guimard.
Jolie, petite, brune : épithètes de moustache.
3 – Petite : épithète de sœur.
Grands noirs : épithètes de yeux.
Bleu : épithète de bonnet.
Inquiète : attribut du sujet elle.
4 – Rose : attribut du sujet tante Rose.

8. Plate, glacée, couverte de neige : épithètes détachées du nom terre.

9.

Adjectifs qualificatifs	Compléments de détermination
Merveilleuse (nourriture)	de famille (repas)
Prête (Rosalie)	au chinois (les œufs)
Première (messe)	de la tante Rosalie (« les œufs au chinois »)
Grand (tablier)	de festin (les matins)
Dur (œuf)	du dimanche (robe)
Dressée (pointe)	du plat (confection)
Chinois (chapeau)	de blanc (rondelle)
	en flocons (débris)
	de tapis (une sorte)
	de chinois (l'armée)
	de mayonnaise (un plat)

10. Une table en chêne, à langer, à repasser,
Une machine à coudre, à écrire, à laver,
Le train de Paris, pour Marseille, en marche,
Un manteau d'hiver, en laine, de vison
Une maison en briques, de famille, de vacances,
Des devoirs de vacances, de français, de physique.

11. – Le soleil à vos pieds. Boots vives en cuir verni. Plein d'autres couleurs.
c. de dét. (à vos pieds) **adj. qual.** (vives) **adj. qual.** (verni) **compl. de dét.** (autres couleurs)
compl. de dét. (en cuir verni)

– Botte en broc. Belle carafe pour l'eau fraîche.
c. de dét. (broc) **adj. qual.** (Belle) **adj. qual.** (fraîche)
compl. de dét. (pour l'eau fraîche)

– Charmantes. Les cartes d'antan pour une pensée pascale.
adj. qual. **c. de dét.** **adj. qual.**
compl. de dét.

– Tréteau à plateau. Pas nouveau mais indispensable en appoint ou en table de nuit. En imitation bambou.
c. de dét. **adj. qual.** **adj. qual.** **c. de dét.** **c. de dét.** **c. de dét.**
compl. de dét.

– Pensée de printemps. Tasse géante à imprimé pensées. Le fin du fin : la serviette en papier assortie.
c. de dét. **adj. qual.** **c. de dét.** **c. de dét.** **c. de dét.** **adj. qual.**

19. Jeux de mots et publicité (p. 144)

Vocabulaire

EXERCICES

1. Jeu sur l'homonymie : vis et vice (des meubles sans vis et sans défaut).

2. Jeu sur la polysémie du mot commode (le texte utilise l'adjectif, synonyme de pratique, l'image renvoie au meuble désigné par le nom).

3. Jeu sur l'homonymie : port et porc à l'aide de l'expression toute faite « mener à bon port ».

4 Jeu sur deux expressions toutes faites « œufs frais du jour » et « être rasé de frais ».

19. Mots et images (p. 145)

Vocabulaire

EXERCICES

1. a) Les arbres dénudés ressemblent à des squelettes

comparé (Les arbres) – point commun (dénudés) – mot de comparaison (ressemblent) – comparant (des squelettes)

b) Métaphore : Les arbres dénudés dressent leurs squelettes le long de la route.

2.

Comparé	Points communs	Comparants
Ce vent	qui déchire la chair la coupe la pique la tord la brûle	des scies des lames des aiguillons empoisonnés des tenailles du feu

Mot de comparaison : comme.

20 Phrase simple, phrase complexe (p. 146 à 149)

Grammaire

Document

– Fabien émergea. GN sujet : Fabien. GV : émergea.
– La première phrase du texte compte trois propositions :
– « les nuages perdaient leur boue d'ombre » ;
– « à mesure qu'il montait » ;
– « ils passaient contre lui, comme des vagues de plus en plus pures et blanches. »

1 La phrase simple

– « Il dut, quelques secondes, fermer les yeux. » GN sujet : il ; GV : dut, fermer les yeux.
– « Pas une houle ne l'inclinait. » GN sujet : pas une houle ; GV : ne l'inclinait.
– « Il était pris dans une part de ciel inconnue et cachée comme la baie des îles bienheureuses. » GN sujet : il ; GV : était pris dans une part de ciel inconnue et cachée.

2 La phrase complexe

– Une phrase complexe : « Comme une barque qui passe la digue, il entrait dans les eaux réservées ».
– Deux propositions juxtaposées : « Sa surprise fut extrême : la clarté était telle qu'elle l'éblouissait » (l. 4).
La proposition indépendante « Sa surprise fut extrême » est juxtaposée à la principale « la clarté était telle… ».
– Deux propositions coordonnées : « La tempête, au-dessous de lui, formait un autre monde de trois mille mètres d'épaisseur, parcouru de rafales, de trombes d'eau, d'éclairs, mais elle tournait vers les astres une face de cristal et de neige. » (l. 10).
La proposition « La tempête, au-dessous de lui, formait un autre monde de trois mille mètres d'épaisseur, parcouru de rafales, de trombes d'eau, d'éclairs », est coordonnée par la conjonction de coordination *mais* à la proposition « elle tournait vers les astres une face de cristal et de neige. »
– Une proposition subordonnée : « à mesure qu'il montait » (l. 1).

Exercices

1. 1 – La jeune fille : GN sujet ; caressait son chat : GV.
2 – La frêle jeune fille de la maison, pensive et douce : GN sujet ; caressait avec lenteur, sur le sommet du crâne ou derrière l'oreille, son petit chat tigré, voluptueusement étendu sur ses genoux : GV.

2. 1 – Le vent d'automne : GN sujet ; balayait la plaine : GV.
2 – La compagnie : GN sujet ; décline toute responsabilité quant au vol des bagages transportés : GV.
3 – Ma vallée, elle : GN sujet ; était belle : GV.
4 – Vous : GN sujet ; voulez me faire passer les jumelles : GV.
5 – Pas de GN sujet (phrase impérative). Faites-moi passer les jumelles : GV.

6 – Défense de stationner : GN (phrase nominale, ne comporte pas de GV).
7 – Pas de GN sujet (phrase impérative). Souvenez-vous du vase de Soissons : GV.
8 – J' (je élidé) : GN sujet ; aime le son de la clarinette en si bémol : GV.

3. 1 – Débarquement des troupes alliées.
2 – Début des championnats du monde d'escrime ce soir à Moscou.
3 – Forte baisse de la monnaie ukrainienne.
4 – Arrestation par surprise du roi du vol à la tire.
5 – Disparition de deux alpinistes dans l'Himalaya.
6 – Renforcement du franc face à la devise allemande.
7 – Annulation de la tournée française du théâtre du Danemark.
8 – Évacuation d'un squatt à Montpellier.

4. a) Phrases simples :
– « Je suis sorti un peu tard, à midi et demie, avec Emmanuel. »
– « À ce moment, un camion est arrivé dans un fracas de chaînes et d'explosions. »
– « J'étais noyé dans le bruit et la poussière. »
– « Puis, j'ai aidé Emmanuel à s'asseoir. »
– « Emmanuel riait à perdre haleine. »
b) Phrase complexe avec une relation de coordination :
« Le bureau donne sur la mer et nous avons perdu un moment à regarder les cargos dans le port brûlant de soleil. »
c) Phrase complexe avec une relation de subordination :
« Emmanuel m'a demandé si on y allait et je me suis mis à courir. »
d) Propositions subordonnées :
– « si on y allait » ;
– « que nous longions. »

5. 1 – Julie tient toujours des propos qui dérangent (proposition subordonnée).
2 – Patrick a franchi le pas de la porte, il s'est avancé jusqu'au milieu de la pièce (proposition juxtaposée).
3 – Quand le soleil se couche, le vent, généralement, faiblit (proposition subordonnée).
4 – Cassez un œuf et faites-le frire (proposition coordonnée).
5 – Il se peut que l'on ne retrouve jamais mon portefeuille (proposition subordonnée).
6 – Frédérique a mangé au restaurant puis elle est rentrée chez elle (proposition coordonnée).
7 – Les nuages qui s'amoncellent au fond de la vallée réduisent beaucoup la visibilité (proposition subordonnée).
8 – Le conducteur ralentit, la route lui sembla glissante (proposition juxtaposée).
9 – Nous nous sommes longtemps demandé si le Soleil, lui aussi, tournait (proposition subordonnée).
10 – Savez-vous que la variole tuait encore des centaines de milliers de gens dans les années cinquante ? (proposition subordonnée).
11 – Le livre dont je parle n'est plus édité (proposition subordonnée).
12 – Le lion s'est senti en danger puisqu'il était surpris (proposition subordonnée).

6. 1 – La vipère s'immobilisa : proposition juxtaposée ;
– et le bec pointu se détendit comme un ressort : proposition coordonnée ;

2 – que tu dois prendre : proposition subordonnée ;
– quand le mien sera arrivé : proposition subordonnée ;
3 – et but lentement : proposition coordonnée elliptique ;
puis il se leva : proposition coordonnée ;
– repoussa sa chaise sans bruit : proposition juxtaposée elliptique ;
– et sortit : proposition coordonnée elliptique ;
4 – Lorsque le ciel se couvre : proposition subordonnée ;
– et que le vent commence à souffler : proposition subordonnée coordonnée ;
– songe à te mettre à l'abri : proposition juxtaposée ;
5 – Comme il était arrivé en avance : proposition subordonnée ;
– et il y avait beaucoup à apprendre dans cette grande maison : proposition coordonnée ;
– dont les habitants lui avaient toujours paru si extraordinaires : proposition subordonnée ;
6 – Si tu ne veux pas qu'un voleur puisse entrer : proposition subordonnée ;
– qu'un voleur puisse entrer : proposition subordonnée ;
– et ne laisse pas la clé sous le paillasson : proposition coordonnée.

7. a) Une phrase simple : « Il avait chaud. »
b) Une phrase nominale : « Le train. »
c) Deux propositions juxtaposées :
« L'herbe des talus était jaune,/les petites gares fleuries défilaient,… »
d) Deux propositions coordonnées :
« Il était un peu plus calme, un peu plus lourd qu'autrefois,/mais il n'avait pas l'impression d'avoir vieilli… »
e) Deux propositions subordonnées dans la même phrase :
– « que conduisait avec une périlleuse désinvolture un François en tenue de jardinier »,
– « qui n'avait pas pris le temps de changer ses sabots contre des souliers. »

20. Sujet d'examen (p. 150 et 151)

Préparation au brevet

1. Grammaire

1 – a) « attentif » : adjectif qualificatif, attribut du sujet *un lion*.
b) « méfiance » : nom commun, sujet du verbe *reprit*.
2 – Matt fit observer qu'il ne perdait pas le bâton de vue.
3 – a) La phrase « Tu crois qu'il va filer ? » appartient au registre familier.
b) Registre standard : « Crois-tu qu'il va s'enfuir ? »

2. Vocabulaire

1 – a) « Indomptable » : préfixe in-, radical dompt, suffixe -able.
b) Le directeur se montra intraitable.
2 – Antonyme de «sauvage» dans le texte : *apprivoisé*, de « stupide » : *intelligent*.
3 – Le joueur a gagné le gros lot.
– En prenant l'avion, nous gagnerons du temps.

3. Compréhension

1 – L'ancien maître de Croc-Blanc n'éprouvait aucune affection pour lui et le maltraitait (l. 14). Croc-Blanc était toujours enchaîné, sauf, bien sûr lorsque son maître l'engageait dans des combats de chiens (l. 12).

2 – Lorsqu'il se voit détaché, Croc-Blanc éprouve d'abord un étonnement profond (l. 13 : *un instant d'étourdissement*), puis de la méfiance (l. 14) ; enfin, il cherche à comprendre ce qui lui arrive, sans d'ailleurs y parvenir (l. 15 : *il ne comprenait pas*, l. 19 : *de plus en plus perplexe,* enfin l. 21 : *ce qui lui arrivait n'avait aucun sens*).

21 La proposition subordonnée (p. 152 à 155)

Grammaire

Document

– Les phrases complexes du texte :

– « Une fourmi tombe dans une ornière où il a plu et elle va se noyer, quand un perdreau, qui buvait, la pince du bec et la sauve. »

Une fourmi tombe dans une ornière ; proposition principale ;
où il a plu : proposition subordonnée ;
et elle va se noyer : proposition principale coordonnée ;
quand un perdreau la pince du bec : proposition subordonnée ;
et la sauve : proposition subordonnée elliptique ;
qui buvait : proposition subordonnée ;

– « Je vous la revaudrai, dit la fourmi. »

Je vous la revaudrai : proposition indépendante ;
dit la fourmi : proposition incise juxtaposée.

– « La fourmi ne perd pas sa peine à discuter et elle se hâte de rejoindre ses sœurs qui suivent toutes le même chemin, semblables à des perles noires qu'on enfile. »

La fourmi ne perd pas sa peine à discuter : proposition indépendante ;
et elle se hâte de rejoindre ses sœurs : proposition principale coordonnée ;
qui suivent toutes le même chemin, semblables à des perles noires : proposition subordonnée ;
qu'on enfile : proposition suborbonnée.

– « Il se dresse et veut tirer, mais il a des fourmis dans le bras droit. »

Il se dresse : proposition indépendante ;
et veut tirer : proposition indépendante elliptique coordonnée ;
mais il a des fourmis dans le bras droit : proposition indépendante coordonnée ;

– « Le bras retombe inerte et le perdreau n'attend pas qu'il se dégourdisse. »

Le bras retombe inerte : proposition indépendante ;
et le perdreau n'attend pas ; proposition principale coordonnée ;
qu'il se dégourdisse : proposition subordonnée.

1 La proposition subordonnée conjonctive introduite par *que*

– Une proposition conjonctive introduite par *que* : « qu'il se dégourdisse » (l. 12).

5 La proposition subordonnée relative

– Propositions subordonnées relatives :
– «où il a plu» (l. 1) ;
– «qui buvait» (l. 2) ;
– «qui suivent toutes le même chemin» (l. 8).

Exercices

1. – Une proposition subordonnée conjonctive :
«que les vents seront favorables.»
– Une proposition relative :
«qui aime l'eau.»

2. 1 – Que l'avion n'aura pas de retard : complément d'objet du verbe *espérons*.
2 – Que le vent se lève : complément d'objet du verbe *attendaient*.
3 – Que cela coûte cher : sujet du verbe *fait*.
4 – Que nous soyons à l'heure : complément d'objet du verbe *as exigé*.
5 – Que l'orage est passé : complément d'objet du verbe *crois*.
6 – Que l'orage soit passé : complément d'objet du verbe *crois*.

3. a) – Phrases 1 et 5 : mode indicatif.
– Phrases 2, 3, 4 et 6 : mode subjonctif.
b) Les phrases 5 et 6 présentent la même construction : principale avec le même verbe introducteur *croire*, subordonnée conjonctive introduite par *que*. Les verbes des propositions subordonnées sont à des modes différents : celui de la phrase 5 est à l'indicatif, celui de la 6, *soit passé*, au subjonctif puisque la principale de cette phrase est négative.

4. 1 – Je vois bien que tu <u>comprends</u> la situation (indicatif).
2 – Mon frère veut que je <u>revienne</u> à la maison (subjonctif).
3 – Tout le monde sait que les gendarmes le <u>cherchent</u> (indicatif).
4 – Nous souhaitons tous que l'on <u>sache</u> bientôt la vérité (subjonctif).
5 – Nous espérons que l'on <u>saura</u> bientôt la vérité (indicatif).
6 – Tu crois qu'il <u>veut</u> jouer sans tricher (indicatif).
7 – Tu ne crois pas qu'il <u>veuille</u> jouer sans tricher (subjonctif).
8 – Crois-tu qu'il <u>veuille</u> jouer sans tricher ? (subjonctif).
9 – J'ai lu dans le journal que les inscriptions sur les listes électorales ne <u>sont</u> pas encore closes (indicatif).
10 – Je t'ai déjà expliqué que tu <u>dois</u> retirer ta carte tout de suite (indicatif).

5. 1 – Le passant demande : «La route mène-t-elle bien à la plage ?».
2 – La cliente demande : «Comment ce mixeur fonctionne-t-il ?».
3 – Le juge me demanda : «Avez-vous quelque chose à ajouter ?».
4 – Ma mère voulait absolument savoir : «Quelles sont tes raisons ?».

6. 1 – Le contrôleur demande si la déclaration a été faite.
2 – Vous vous demandez comment il arrive à faire tout son travail.
3 – Le président me demanda si j'avais réellement entendu une détonation.

7. 1 – Siffler le train dans le lointain. Sujet du verbe de la principale : *on*. Sujet du verbe de la subordonnée : *le train*.

2 – Venir un gros nuage d'orage. Sujet du verbe de la principale : *Je*. Sujet du verbe de la subordonnée : *un gros nuage d'orage*.
3 – Aux spectateurs de descendre sur la piste. Sujet du verbe de la principale : *les commissaires*. Sujet du verbe de la subordonnée : *les spectateurs*.
4 – T' (toi) crier au loup. Sujet du verbe de la principale : *Je*. Sujet du verbe de la subordonnée : *t' (te* élidé*)*.

8. 1 – Que j'ai rencontrés : pronom relatif *que*.
2 – Où je suis née : pronom relatif *où*.
3 – Qui mène au sommet de la montagne : pronom relatif *qui*.
4 – Dont nous parlions hier : pronom relatif *dont*.
5 – À laquelle tu fais allusion : pronom relatif composé *auquel/à laquelle*/etc.

9. 1 – Les gâteaux <u>que</u> tu as apportés sont délicieux.
2 – La vente <u>dont</u> nous avons parlé n'aura pas lieu.
3 – Il s'est baigné dans le ruisseau <u>qui</u> longe ton pré.
4 – C'était le moment <u>où</u> la nuit se fait plus froide.
5 – J'ai bien remarqué le ton <u>sur lequel</u> il vous a répondu.

10. 1 – Pronom relatif.
2 – Conjonction de subordination.
3 – Adverbe.
4 – Pronom interrogatif.

11. 1 – Pronom relatif.
2 – Adverbe interrogatif.
3 – Pronom relatif.
4 – Pronom interrogatif.

12. 1 – Qui ait vue sur la mer. Le verbe de la proposition subordonnée est au subjonctif pour marquer qu'il s'agit d'un fait incertain.
2 – Qui a vue sur la mer. Le verbe de la proposition subordonnée est à l'indicatif.

22 L'expression de la cause et de la conséquence (p. 158 à 161)

Grammaire

Document

– Phrases ou propositions exprimant la cause :
- – Marie-José Pérec s'est bien entraînée (l. 1/2).
- – Parce qu'elle s'est bien entraînée (l. 6/7).
- – Marie-José Pérec s'est si bien entraînée (l. 9/10).
- – C'est parce qu'elle s'est bien entraînée (l. 13/14).

– Phrases ou propositions exprimant la conséquence ou l'effet :
- – Elle est… 400 mètres (l. 2/3/4).

– Marie-José Pérec… 400 mètres (l. 5/6/7).
– Elle est championne du monde du 400 mètres (l. 10/11/12).
– Marie-José Pérec… 400 mètres (l. 14/15/16).

2 Cause et conséquence explicites

– Parce qu'(l. 7), locution conjonctive de subordination.
– Si … que (l. 9/10), locution conjonctive de subordination.

3 Cause et conséquence implicites

– Lignes 1 à 4 : juxtaposition des deux phrases ; première phrase : cause.
– Lignes 1 à 4 : deuxième phrase : conséquence.

Exercices

1. – Préposition ou locution prépositive : 1, 4, 8 ;
– Conjonction ou locution conjonctive de subordination : 3, 6, 9 ;
– Conjonction de coordination : 2, 5, 7.

2. – Préposition ou locution prépositive : 1, 2, 9 ;
– Conjonction ou locution conjonctive de subordination : 3, 5, 6, 7, 8 ;
– Conjonction de coordination : 4.

3. 1 – L'orage menace.
2 – J'ai trop à faire.
3 – Il est en retard.
4 – Qui est le plus expérimenté.
5 – Le calme étant revenu.
6 – Il y a vécu toute son enfance.
7 – Il y a eu une fuite.
8 – Qui est nettement le plus fort.
9 – Très étourdi.

4. 1 – La route est dangereuse.
2 – Les artistes ne peuvent passer.
3 – La fête est un succès.
4 – On entendit un grand bruit.
5 – Les gens l'apprécient beaucoup.
6 – Qui sont malades.
7 – Il n'a pas beaucoup d'amis.
8 – Qui devient rare.

5. a) 1 – Parce que la neige est molle…
2 – Étant donné que je souffre…
3 – Parce qu'il est tard…
4 – À la suite d'une crevaison…
5 – À cause d'une étourderie…
6 – Parce qu'elle aime beaucoup la nature…
b) 1 – C'est parce que la neige est molle que…
2 – C'est parce que je souffre d'une angine…
3 – C'est parce qu'il est tard que je dois partir.

4 – C'est à cause d'une crevaison que Miguel a perdu l'étape.
5 – C'est à cause d'une étourderie qu'il a raté son examen.
6 – C'est parce qu'elle aime beaucoup la nature qu'elle a choisi… la campagne.

6. 1 – Les poissons sont morts à cause de la pollution de la rivière.
2 – Ce roman est captivant grâce au style varié de l'auteur.
3 – La région prospère grâce à la richesse de la terre.
4 – Je n'aime pas Xavier à cause de son complexe de supériorité.
5 – Elle n'aime pas sortir à cause de sa timidité.

7. 1 – Tel est ton souhait, nous irons donc à la mer cette année.
2 – Je suis blessé, c'est pourquoi je ne jouerai pas le prochain match.
3 – Votre ami n'est pas arrivé, nous devrions donc l'attendre ici.
4 – Catherine est très prudente, c'est pourquoi elle nous aura attendus.
5 – Sa candidature a été acceptée, aussi est-elle contente.

22. Sujet d'examen (p. 162 et 163)

Préparation au brevet

1. Grammaire

1 – Une proposition subordonnée relative : «qui vient souvent jouer avec moi» (l. 15).
– Une proposition subordonnée conjonctive : «que c'était un compliment» (l. 5).
2 – Verbe - *aurais* : présent du conditionnel,
– *étaient* : imparfait de l'indicatif.
3 – Accord du participe passé du verbe *eût donné*. Le participe passé *donné*, employé avec l'auxiliaire avoir (*eût*) ne varie pas. Il ne pourrait s'accorder qu'avec le complément d'objet direct du verbe, si et seulement si celui-ci était placé avant, ce qui n'est pas le cas (COD de *eût donné : son cœur*, placé après).

2. Vocabulaire

1 – Tu aurais de jolis yeux.
– Tu es une fieffée menteuse ! ou bien : Tu es une fameuse menteuse !
2 – « Elle se mit à ululer » : le ululement (on écrit aussi *hululer, le hululement*) désigne le cri des oiseaux de nuit. Ici, le verbe *ululer* est employé métaphoriquement : la fillette pleure en poussant des gémissements sinistres qui ressemblent aux cris de la nuit.
3 – Le coup de sifflet strident d'un agent l'obligea à s'arrêter.

3. Compréhension

1 – La jeune fille s'est déjà donné beaucoup de mal pour faire comprendre à ce gros lourdeau de Marcel qu'elle aimerait bien qu'il l'embrasse (l. 19), mais sans aucun succès. En répétant : « Qu'il est bête ! », elle dit d'abord, sans doute, ce qu'elle pense. Elle essaie peut-être aussi, encore, de lui ouvrir les yeux.
2 – Titres possibles :
Une déclaration d'amour manquée,
Quiproquo amoureux,
Une histoire d'amour manquée.

23 L'expression du but et de l'hypothèse (p. 164 à 167)

Grammaire

Document

- Document 1, expressions du but : «Pour que vous appréciiez… longtemps», «Pour permettre un changement modulable».
- Document 2 : «Si vous préférez les longues descentes aux files d'attente».

1 L'expression du but

- Document 1 : «Pour permettre un changement modulable».
- Document 2 : «Pour que vous appréciiez… longtemps».

2 L'expression de l'hypothèse

- Une virgule.
- Si vous préférez les longues descentes aux files d'attente, vous apprécierez…

Exercices

1. a) et b) 1 – De telle sorte qu'… voir (de telle sorte que).
2 – Pour que… entende (pour que).
3 – De peur qu'on… le voler (de peur que).
4 – Afin que… voisins (afin que).
5 – Pour qu'on soit respecté (pour qu').
6 – De manière que… soupçonner (de manière que).
7 – Pour qu'… accidents (pour que).

2. a) et b) 1 – Pour vivre (pour).
2 – Afin d'avoir… ce soir (afin d').
3 – En prévision… ensoleillement (en prévision d').
4 – En vue d'un match difficile (en vue d').
5 – Pour ne pas attirer l'attention de l'adversaire (pour).
6 – Pour réussir (pour).
7 – Pour se maintenir en bonne santé (pour).

3. a) 1 – Où ils puissent… jolie vue.
2 – Qui puisse… Harpagon.
3 – Qui divertissent le monde.
4 – Qui fassent… L'ordre public.
5 – Qui maîtrisent… de passe.
6 – Qui prévoient… Infractions.
b) Les verbes des propositions surbordonnées relatives exprimant le but sont au mode subjonctif.

4. a) Pour découvrir ses mystères.
b) Pour (préposition).

5. a) et b) 1 – Au cas où il ferait beau (Au cas où).
2 – En admettant que… viennent (En admettant que).
3 – Si tu réfléchissais un peu (Si).
4 – Si elle avait pris l'avion (Si).
5 – S'il gèle (Si).
6 – Si nous avions un jeu plus collectif (Si).
7 – En supposant que tu sois d'accord (En supposant que)

6. a) et b) 1 – Avec un peu de ténacité (Avec).
2 – Sans pluie (Sans).
3 – Sans le casque (Sans).
4 – À condition de poursuivre son effort (À condition de).
5 – Avec un peu de chance (Avec).
6 – En cas de pluie (En cas de).
7 – Sans fantaisie (Sans).

7. a) 1, 3, 5, 7.
b) Intensité : 2, 6 ; Affirmation : 4.

8. a) et b) 1 – Prévenu plus tôt. Si j'avais été prévenu plus tôt.
2 – Bien préparés. En supposant qu'ils ont été bien préparés.
3 – Livré à lui-même. S'il était livré à lui-même.
4 – Heureuse. Si elle était heureuse.
5 – Un peu plus grand. S'il avait été un peu plus grand.
6 – Encouragé par son entourage. S'il avait été encouragé par son entourage.
7 – Bien soutenue par ses supporters. Si elle était bien soutenue par ses supporters.

9. 1 – Si vous insistiez.
2 – Si vous suiviez l'exemple de Sophie.
3 – Si vous preniez cette chemise.
4 – Si on interrogeait tous les témoins.
5 – Si chacun faisait un petit effort.

10. 1 – Avec plus de volonté.
2 – Sans pluie.
3 – Sans neige.
4 – Avec l'autorisation de tes parents.

23. Préparation à la dictée (p. 169)

1. L'accord de tout

1 – Toutes les chiennes sont fidèles.
2 – Ma chienne est toute petite.
3 – Elle semble tout étonnée de me retrouver, toute honteuse, même.
4 – On dirait qu'elle comprend tout.
5 – J'adore toutes les chiennes, et toutes me sont chères.

2. Les mots de la famille de *ton*

1 – Qui se répète toujours sur le même ton ou le même rythme : monotone.

2 – Commencer à chanter, un air ou une chanson : entonner.
3 – Le ton sur lequel on parle, ou on lit : intonation.
4 – Chanter faux : détonner.

24 L'expression de l'opposition (p. 170 à 173)

Grammaire

Document

– Alors que l'on mettait (l. 1) … vingt-cinq ans (l. 2).
– Tandis que le Concorde (l. 4) … quarante-cinq minutes (l. 5).
– Alors que ; tandis que.

1 Les différentes oppositions

– Alors que l'on mettait… vingt-cinq ans/on met (l. 2)… TGV.
– Lindbergh… trente-trois heures/tandis que le Concorde (l. 4)/… quarante-cinq minutes.
– La première opposition simple oppose le temps mis pour aller de Marseille à Paris en chemin de fer il y a vingt-cinq ans et maintenant. La seconde, le temps mis pour traverser l'Atlantique en avion en 1927 et maintenant.
– Bien que (l. 8)… chiens polaires (l. 9)/la réduction (l. 10)… phénomène général (l. 10) (locution conjonctive : bien que).
– Mais si habile que (l. 11)… indiscutable/on peut s'interroger (l. 12)… vie quotidienne (l. 13) (locution conjonctive : si…que).

2 Les moyens d'exprimer l'opposition

– Malgré son génie.
– Malgré.

Exercices

1. 1 – Vous jouez en attaque/(alors que) c'est l'attaque… adopter.
2 – La boulangerie est ouverte/(tandis que) l'épicerie est déjà fermée.
3 – Marie est toute frisée/(alors que) sa sœur a les cheveux raides.
4 – Il insiste lourdement/(quand) il devrait se taire.
5 – Martine joue/(pendant que) Mireille fait ses devoirs.

2. Opposition : 2, 3, 5.
Temps : 1, 4, 6.

3. 1 – Thomas est espiègle alors qu'Alexis est très sage.
2 – Il était très bavard alors que son ami se taisait.
3 – Ici la terre est bonne alors que là-haut…
4 – À partir de là le Rhin est navigable alors qu'en amont…
5 – Elle n'aime pas les sucreries tandis que son frère…
6 – Cette année il a fait très beau sur l'Atlantique alors qu'en Méditerranée…

7 – Il dépense son argent sans compter tandis que son frère…
8 – Ma voiture est nerveuse alors que la tienne…

4. 1 – mais, 2 – mais, 3 – cependant, 4 – pourtant, 5 – néanmoins, 6 – cependant, 7 – mais, 8 – pourtant, 9 – mais.

5. Opposition faible : 1, 3, 5, 7, 8.
Opposition forte : 2, 4, 6.

6. 1 – Fassiez (subjonctif).
2 – Soient (subjonctif).
3 – Peigne (subjonctif).
4 – Dise (subjonctif).
5 – Est (indicatif).
6 – Accélèrent (indicatif).
7 – Vaille (subjonctif).
8 – Mérites (subjonctif).
9 – Joue (indicatif).
10 – Peut (indicatif).

7. 1 – Bien qu'il soit gentil, il n'accepte pas…
2 – Bien qu'il pleuve, je sortirai.
3 – Quoique les conditions de la situation économique soient difficiles, l'entreprise…
4 – Bien que de nombreuses personnes s'y opposent, le président…

8. 1 – Quoi qu'il,
2 – Quoi qu'il,
3 – Quoique,
4 – Quoi qui,
5 – Quoique.

9. 1 – Quelles que,
2 – Quelque,
3 – Quelle que,
4 – Quelque,
5 – Quelle que,
6 – Quel que,
7 – Quelques,
8 – Quelques,
9 – Quelle que.

24. Préparation à la dictée (p. 175)

1. La terminaison des verbes en *-er* au futur
1 – Je remuerai.
2 – Tu renoueras.
3 – Il créera.
4 – Nous oublierons.
5 – Vous plierez.

2. Le futur ou le conditionnel à la première personne du singulier

1 – Vous pensiez que j'arriverais en retard.
2 – Ils savent bien que je finirai par me montrer.
3 – Ma tante me répétait que jamais je ne serais admis dans son orchestre.
4 – Quand je vivrais aussi longtemps qu'un vieux baobab d'Afrique, je n'oublierais jamais cette histoire.

3. L'orthographe des adjectifs en *-eux*

1 – Un lieu dangereux.
2 – Un feu mystérieux.
3 – Un vieux pneu.

Corrigé du cahier d'exercices de 4e technologique

1 Grammaire
Le langage (p. 2-3)

EXERCICE 1

1 - *E : un commerçant. R : les clients. C : l'affiche. Rt : le paiement des achats.*
2 - *E : la secrétaire d'une entreprise. R : un client. C : une lettre. Rt : une commande.*
3 - *E : un agent de police. R : des badauds. C : la voix humaine. Rt : le déplacement des badauds.*
4 - *E : un vendeur de voiture. R : les lecteurs d'un journal. C : un journal. Rt : la vente d'une voiture d'occasion.*
5 - *E : Thomas. R : Elise. C : le téléphone. Rt : l'arrivée de Thomas.*
6 - *E : un journaliste à la télévision. R : les téléspectateurs. C : la télévision. Rt : la météo.*

EXERCICE 2

	conat.	expr.	poét.	réf.
1		X		
2			X	
3				X
4	X			
5	X			
6			X	
7				X
8		X		

EXERCICE 3

1 - *téléphone.*
2 - *télévision, radio, courrier.*
3 - *micro, hauts parleurs.*
4 - *lettre ou téléphone.*
5 - *voix humaine.*
6 - *voix de l'hôtesse de l'air, message visuel.*

EXERCICE 4

	familier	courant	soutenu
1	X		
2		X	
3	X		
4			X
5	X		
6			X
7		X	
8			X
9		X	

Exercice 5

a) 1er texte : *soutenu.*
2e texte : *familier.*

b) 1er texte : *richesse rythmique ; qui rebondit clinquante ; une voûte de mercure tremblote.*
2e texte : *je me suis retrouvé derrière mon piano ; j'avais pris la flotte ; les bagnoles.*

2 Vocabulaire L'origine et la vie des mots (p. 4)

Exercice 1

pantalon	E.	*italien*	hasard	E.	*arabe*
chemise	F.P.	*latin*	bâtir	F.P.	*germanique*
chirurgie	F.P.	*latin*	radeau	E.	*provençal*
chêne	F.P.	*gaulois*	tomate	E.	*espagnol*
herbe	F.P	*latin*	piano	E.	*italien*

Exercice 2

Origine	Orthographe primitive	Orthographe actuelle
latine	oisel	*oiseau*
anglaise	beefsteak	*bifteck*
latine	païs	*pays*
normande	boscage	*bocage*
latine	forest	*forêt*
germanique	fresche	*frais - fraîche*

Exercice 3

Dear Joséphine,
Je t'écris d'un snack, où je viens de me tasser un hot dog en vitesse, tandis que Charlie, à côté de moi, achève son hamburger.
Charlie, c'est Charlie Dupont, mon nouveau flirt. Un vrai play-boy, tu sais ! En football, un crack. On le donne comme futur coach des Young Cats, leader des clubs série F. C'est te dire si j'entends parler de goals et de penalties !
Je me suis lassée de Johnny Durand, trop beatnik avec ses blue-jeans et son chewing-gum.
Bon week-end.

Cité par Etiemble, Parlez-vous franglais ?, Éd. Gallimard

Dear : chère ; snack ; hot dog : pain à la saucisse ; hamburger ; flirt : copain ; play-boy : séducteur ; football ; crack : a ; coach : entraîneur ; Young Cats : Jeunes Chats ; leader : premier, club : association constituée autour d'une ou plusieurs activités ; goals : buts ; penalties : pénalités ; beatnik : marginal ; blue-jeans ; chewing-gum : pâte à mâcher ; week-end : fin de semaine.

Exercice 4

Expressions québécoises	Expressions américaines
Lait frappé	Best seller
Meilleures ventes	Shopping
Magasinage	Penalty
Pénalité	Milk shake

3 Vocabulaire
Le sens des mots (p. 5)

Exercice 1

1 - L'équipe de France a *accompli* d'importants progrès.
2 - Mon ami a *construit* sa maison avec l'aide d'un maçon.
3 - Il a *peint* ce tableau en deux jours.
4 - La société va *intenter* un procès à l'État.
5 - Je ne sais pas qui a *composé* la musique du film.

Exercice 2

1 - acceptation	**A** - sens particulier d'un mot admis par l'usage
2 - doubler	**B** - laisser en arrière, derrière soi, en allant plus vite
3 - acception	**C** - qui est au-dessus du niveau commun
4 - énumérer	**D** - qui va se produire dans peu de temps
5 - éminent	**E** - acte par lequel on consent à quelque chose
6 - dépasser	**F** - dépasser en contournant
7 - imminent	**G** - énoncer une à une les différentes parties d'un tout

Exercice 4

Rouler *à l'aveuglette* ne préoccupait pas grand-père. *Tassé* sur son siège, les mains au bas du volant, une cigarette *se consumant* docilement au coin des lèvres, les passants n'apercevaient que son *chapeau*. À force, l'extrémité relevée de son sourcil avait jauni sous la nicotine. Cette blondeur *insolite* au milieu de l'irrépressible envahissement de la blancheur apparaissait comme un dernier brûlot de jeunesse. Il semblait si *absorbé*, lointain, qu'on pouvait le croire *assoupi* : de fait, il l'était parfois, ce qui lui valut quelques *déboires* une roue au fossé, une aile *arrachée*.

Jean Rouaud, *Les Champs d'honneur*, Éd. de Minuit

4 Grammaire
Le récit et le discours (p. 6-7)

Exercice 1

a) *passé simple et imparfait.*
b) *3e personne.*
c) Le narrateur n'est pas présent dans le texte.
d) Les faits rapportés sont passés.
e) *récit.*

Exercice 2

a) *présent (pour presque tous les verbes) quelques rares imparfaits, plus-que-parfait et passés composés.*
b) *1re et 2e personnes.*
c) Le narrateur est présent dans le texte.
Je trouvais... le personnage qui raconte. « Je trouvais... » est bien celui qui est en action, Titouan Lamazou.
d) *Il ne s'agit pas d'un récit passé.*
e) *discours.*

5 Expression écrite Le paragraphe (p. 8-9)

Exercice 1

a-b) Quelque chose qui était mince, âpre, plat, glacé, gluant et vivant venait de se tordre dans l'ombre autour de son bras nu. Cela lui montait vers la poitrine. C'était la pression d'une courroie et la poussée d'une vrille. En moins d'une seconde, on ne sait quelle spirale lui avait envahi le poignet et le coude et touchait l'épaule. La pointe fouillait sous son aisselle...

Une répugnante lanière vivante

Une deuxième lanière, étroite et aiguë, sortit de la crevasse du roc. C'était comme une langue hors d'une gueule. Elle lécha épouvantablement le torse nu de Gilliatt, et tout à coup s'allongeant, démesurée et fine, elle s'appliqua sur sa peau et lui entoura tout le corps.

L'attaque de la deuxième lanière

En même temps, une souffrance inouïe, comparable à rien, soulevait les muscles crispés de Gilliatt. Il sentait dans sa peau des enfoncements ronds, horribles. Il lui semblait que d'innombrables lèvres, collées à sa chair, cherchaient à lui boire le sang...

La souffrance de Gilliatt

Impossible de couper ni d'arracher ces courroies visqueuses qui adhéraient étroitement au corps de Gilliatt et par quantités de points...

La défense impossible

Brusquement une large viscosité ronde et plate sortit de dessous la crevasse. C'était le centre ; les cinq lanières s'y rattachaient comme des rayons à un moyeu ; on distinguait au côté opposé de ce disque immonde le commencement de trois autres tentacules, restés sous l'enfoncement du rocher. Au milieu de cette viscosité il y avait deux yeux qui regardaient.
Ces yeux voyaient Gilliatt.
Gilliatt reconnut la pieuvre

Le centre du monstre

Victor Hugo, *Les Travailleurs de la Mer*

Exercice 2

Légende : ——— mot clé ; - - - - - - - bleu ; .... rouge

Qui eût pu voir Quasimodo en ce moment eût été effrayé. Indépendamment de ce qu'il avait empilé de projectiles sur la balustrade, il avait amoncelé un tas de pierres sur la plate-forme même. Dès que les moellons amassés sur le rebord extérieur furent épuisés, il prit au tas. Alors il se baissait, se relevait, se baissait et se relevait encore, avec une activité incroyable. Sa grosse tête de gnome se penchait par-dessus la balustrade, puis une pierre énorme tombait, puis une autre, puis une autre. De temps en temps, il suivait une belle pierre de l'œil, et, quand elle tuait bien, il disait : Hun !

Cependant les gueux ne se décourageaient pas. Déjà plus de vingt fois l'épaisse porte sur laquelle ils s'acharnaient avait tremblé sous la pesanteur de leur bélier de chêne multipliée par la force de cent hommes. Les panneaux craquaient, les ciselures volaient en éclats, les gonds à chaque secousse sautaient en sursaut sur leurs pitons, les ais se détraquaient, le bois tombait en poudre broyé entre les nervures de fer. Heureusement pour Quasimodo, il y avait plus de fer que de bois.
Il sentait pourtant que la grande porte chancelait. Quoiqu'il n'entendît pas, chaque coup de bélier se répercutait à la fois dans les cavernes de l'église et dans ses entrailles. Il voyait d'en haut les truands, pleins de triomphe et de rage, montrer le poing à la ténébreuse façade, et il enviait pour l'Egyptienne et pour lui, les ailes des hiboux qui s'enfuyaient au-dessus de sa tête par volées.

Victor Hugo, *Notre-Dame de Paris*

a) – *Il y a trois paragraphes*
– *Quasimodo se démène pour défendre la cathédrale assiégée.*
– *Les truands s'acharnent sur la porte de la cathédrale.*
– *Le refuge est en péril.*

EXERCICE 3

Il regardait la pieuvre, qui le regardait.
Tout à coup la bête détacha du rocher sa sixième antenne, et, la lançant sur Gilliatt, tâcha de lui saisir le bras gauche.
En même temps elle avança vivement la tête. Une seconde de plus, sa bouche s'appliquait sur la poitrine de Gilliatt. Gilliatt, saigné au flanc, et les deux bras garrottés, était mort.
Mais gilliatt veillait. Guetté, il guettait.
Il évita l'antenne, et, au moment où la bête allait mordre sa poitrine, son poing armé s'abattit sur la bête.

Victor Hugo, *Les Travailleurs de la Mer*

6 Grammaire Le discours rapporté (p. 10-11)

EXERCICE 1

Légende : ——— bleu ; - - - - - - - rouge

Par gentillesse, Bouboule demanda à Olivier :
– Tu reviendras en octobre ? Moi, de toute façon, je redoublerai. Alors, on sera encore ensemble.
– Heu... oui. Je pense, dit Olivier en rougissant.
Et Bouboule, par d'obscurs rapprochements, et parce qu'il avait envie de faire plaisir à son camarade, lui demanda :
– Comment ça fait quand on n'a plus de parents ?
– Je ne sais pas, dit Olivier.
Après que Bouboule lui eut demandé de tirer encore une fois la langue pour voir si elle était toujours rouge, il se séparèrent.

Robert Sabatier, *Les Allumettes suédoises*. Éd. Albin Michel

Exercice 2

a-b)

texte 1	texte 2
Je suis aise de vous voir	*qu'il était aise de le voir*
Je vous avais donné les chandeliers	*qu'il lui avait donné les chandeliers*
Qui sont en argent	*qui étaient en argent*
Dont vous pourrez	*dont il pourrait*
Pourquoi ne les avez-vous pas emportés avec vos couverts ?	*pourquoi il ne les avait pas emportés avec ses couverts.*

c) *Ah ! vous voilà ! Eh bien mais !*
d) *qu' – il dit – il demanda*

Exercice 3

L'homme… et dit d'une voix haute qu'il s'appelait J.V, qu'il était galérien, qu'il avait passé dix-neuf ans au bagne et que, libéré depuis quatre jours il était en route pour P. qui était sa destination. Il y avait quatre jours qu'il marchait depuis Toulon.

Exercice 4

Légende : ——— bleu ; - - - - - - - rouge

a) D'abord, la demoiselle a fait celle qui savait où elle allait. Puis, elle est revenue sur ses pas. Tout près de l'arrêt de l'autocar, un groupe de garçons jouait au ballon. Elle s'approcha de l'un d'eux, qui était dans la position du gardien de but avant le coup franc, et lui demanda d'une voix mal assurée, une voix d'étrangère, quoique sans accent : « Excusez-moi, mais je voudrais savoir comment on fait pour aller au Pied-de-Loup. »
Il répondit sans regarder, de peur de rater le ballon. Il fallait prendre la route de La Haye-Aubrée, celle qui partait en biais, juste devant elle, tourner à droite à la fourche, prendre ensuite la première à droite, et elle tomberait dessus, elle ne pouvait pas se tromper.
Un garçon qui avait les oreilles décollées alla se planter devant la demoiselle et lui dit sur un ton frisant l'insolence : « Chez qui vous allez ? » Elle répondit doucement, en baissant les yeux. Il murmura : « Je le connais. » Et il courut jusqu'au ballon, dans lequel il donna un grand coup de pied.
Un autre, un petit blond maigrelet, la suivit pendant plusieurs mètres avant de la dépasser et de lui demander : « Comment tu t'appelles ? » Elle accéléra le pas. Il reposa la question. « Épiphanie », répondit-elle sur le ton de quelqu'un qui ne veut plus être dérangé. « Épiphanie, répéta-t-il. C'est un nom de fête. »

Franz-Olivier Giesbert. *La Souille*, Éd. Grasset

b) *Il répondit : « Il faut prendre la route de La Haye-Aubrée, celle qui part en biais, juste devant vous, vous tournez à droite à la fourche, vous prenez ensuite la première à droite, et vous tomberez dessus, vous ne pouvez pas vous tromper ».*

7 Expression écrite
La construction d'un plan (p. 12-13)

Exercice 1

Sujet A
Sujet B — Sujet de réflexion
Sujet C
Sujet D — Sujet d'imagination
Sujet E

Exercice 2

a) *réflexion.*

b) Sujet : Le bonheur. Tout le monde le recherche. Que représente-t-il pour vous ? La réussite professionnelle est-elle, à vos yeux, un élément important du bonheur ? (Académie de Bordeaux).

c) I. *Que représente le bonheur pour moi ?*

II. *Parmi les éléments qui contribuent au bonheur, quelle est la part de la réussite professionnelle ?*

Exercice 3

a) *imagination.*

b) Sujet : Avec quelques camarades, vous avez décidé d'aller camper l'été prochain. Imaginez dans quelle région vous allez vous rendre en donnant les raisons de votre choix et racontez comment vous allez organiser le voyage.

c) I. *La région choisie et les raisons de ce choix.*

II. *L'organisation du voyage.*

8 Grammaire
Les types de phrases (p. 14-15)

Exercice 1

- Thé ou café ? (INT)
- Tempête de neige sur les Alpes. (DEC)
- Mon amie arrive demain. (DEC)
- Est-ce que tu es prête ? (INT)
- Nous ne sommes pas d'accord. (DEC)
- Entre vite. (IMP)
- Gagnez au loto. (IMP)
- Dépêchons-nous. (IMP)
- Tu viens ? (INT)
- Ne partez pas. (IMP)

Exercice 2

Questions	Réponses
1. Comment est-il monté la-haut ?	1. *Il a pris l'échelle*
2. Quand viendras-tu ?	2. *Je viendrai samedi*
3. Quelle saison préférez-vous ?	3. *Je préfère l'hiver.*
4. Où ont-ils passé leurs vacances ?	4. *Ils ont passé leurs vacances à la mer.*
5. Pourquoi Marie n'est-elle pas là ?	5. *Marie a manqué son car.*
6. Combien d'alpinistes composent la cordée ?	6. *Cinq alpinistes composent la cordée.*
7. Quel temps a-t-il fait hier ?	7. *Il a fait chaud toute la journée.*

Exercice 3

I - Jean arrivera demain.
Est-ce que Jean arrivera demain ?
2 - La boulangerie ouvre à six heures.
La boulangerie ouvre-t-elle à six heures ?
3 - Il faut terminer le travail ce soir.
Faut-il terminer le travail ce soir ?
4 - Mireille aime le chocolat.
Est-ce que Mireille aime le chocolat ?
5 - La météo annonce du soleil pour demain.
La météo annonce-t-elle du soleil pour demain.
6 - Ils ont gagné le match.
Ont-ils gagné le match ?

Exercice 4

Actes	Phrase impératives	Émetteurs
1. Les élèves sortent leurs livres.	1. *Sortez vos livres*	*Le professeur*
2. L'automobiliste freine et s'arrête.	2. *Arrêtez-vous*	*Un agent de la circulation*
3. L'enfant court vers sa mère.	3. *Viens vite.*	*La mère de l'enfant.*
4. Le malade se déshabille.	4. *Déshabillez-vous*	*Un docteur.*
5. La vendeuse compose un bouquet.	5. *Faites-moi un mélange*	*Une cliente.*
6. Un client passe à la caisse.	6. *Ne signez pas votre chèque*	*Le caissier*

9 Expression écrite L'introduction et la conclusion (p. 16-17)

Exercice 1

Légende : ——— bleu ; - - - - - - - rouge

Dans ce grand pénitencier qui se trouve à la périphérie de la ville, réservé aux condamnés aux travaux forcés, il y a une règle, en apparence humaine, mais en réalité plus que cruelle. À chacun de nous autres, les condamnés à perpétuité, est accordée l'autorisation de se présenter une seule fois en public et de parler à l'assistance pendant une demi-heure. Le

détenu, tiré de sa cellule, est conduit sur un balcon du bâtiment extérieur, où se trouvent la direction et les bureaux. Devant lui s'étend la vaste place de la Trinité et c'est là que se réunit la foule pour écouter.
Si à la fin du discours la foule applaudit, le condamné est libéré.

Dino Buzzati, «Quiz aux travaux forcés», *Le K*, Éd. Robert Laffont

a) *Dans une prison.*
b) *Un condamné à perpétuité.*
c) *Le condamné sera-t-il applaudi et libéré ?*
d) *C'est la réponse à la question que se posait le lecteur.*

Exercice 2

3. Dans les champs, les tracteurs ont remplacé les bœufs et les chevaux... Notre civilisation aurait-elle oublié les animaux ? Peut-être pas, car ils n'ont jamais été si nombreux dans le domaine des loisirs, de la recherche et aussi dans nos maisons.

1 - *Thème annoncé : les animaux maltraités.*
2 - *Thème annoncé : les animaux remplacés par les machines agricoles.*
4 - *Une introduction ne peut pas commencer par «en effet» (cette loc. conjonctive annonce une explication).*

Exercice 3

Si on ne les tue plus au travail, les animaux sont devenus cobayes de laboratoires, si on les entoure de soins, dépensant pour eux des sommes considérables, on n'hésite pas non plus à les abandonner sur la route des vacances.| Dans notre société les animaux sont donc à la fois choyés et exploités, objets d'enjeux économiques, mais aussi de militantisme dévoué. Leur rôle a changé, peut-on dire que cette évolution soit positive ?
Indication du thème : la place des animaux dans notre société – Rappel du plan.

Exercice 4

a) et b)

c1 Le Stapelia pratique l'avortement systématique et mérite à ce titre de figurer au palmarès des plantes les plus égoïstes et les plus cruelles. [...], le Stapelia [...] ne donne jamais rien et tue toujours. Un vrai monstre !

i2 Les relations entre plantes, ou encore entre plantes et animaux, sont immensément variées ; les échanges de services loyaux et amicaux sont innombrables. Comment faire un tri parmi les nombreuses candidates au titre de la plante la plus gentille ?

c2 Qui de l'acacia à fourmis ou du yucca à Pronuba est la plante la plus gentille ? À vous de choisir. Nous avons préféré les classer ex-aequo.

i1 S'il est difficile de sélectionner la fleur la plus gentille, il l'est moins de trouver celle qui pourrait se révéler la plus méchante, encore que plusieurs familles botaniques offrent plusieurs échantillons de fleurs particulièrement cruelles pour leurs pollinisateurs.

D'après Jean-Marie Pelt. *Mes plus belles histoires de plantes*. Librairie A. Fayard,

c) *La plante la plus méchante.*
d) *La plante la plus gentille.*

10 Grammaire
Les phrases interrogatives et impératives (p. 18-19)

Exercice 1

	Réponse par oui ou par non	Autres réponses
1	X	
2	X	
3	X	
4		X
5		X
6	X	
7		X

Exercice 2

1 - *Est-ce que nous irons à la plage demain ?*
Nous irons à la plage demain ?
2 - *Avez-vous vu mon chat ?*
Est-ce que vous avez vu mon chat ?
3 - *Êtes-vous prêts ?*
Vous êtes prêts ?
4 - *Est-ce qu'il a prévenu ses parents ?*
Il a prévenu ses parents ?

Exercice 3

1 - *À quelle heure mon père est-il parti à la chasse ?*
2 - *Où partons-nous en vacances ?*
3 - *Pourquoi s'est-il arrêté ?*

Exercice 4

1	2	3	4	5
		X		
				X
X				
		X		
	X			
			X	
	X			
X				

Exercice 5

Indicatif	Impératif	Infinitif
	X	
		X
X		
X		
	X	
	X	
	X	
		X

Exercice 6

1 - *Visse à fond.*
2 - *Balaie devant ta porte.*
3 - *Serre ta ceinture.*
4 - *Sers-toi.*
5 - *Va dans la cour.*
6 - *Ne fais rien.*
7 - *Dors.*
8 - *Cours dans le couloir.*
9 - *Sache te faire respecter.*
10 - *Cueille les fraises et manges-en.*
11 - *Ouvre-moi la porte.*
12 - *Ne pars pas trop tard.*

11 Vocabulaire L'article de dictionnaire (p. 20)

Exercice 1

1 - *accrochage*
2 - *acrobate*
3 - *chapon*
4 - *déborder*
5 - *dispute*
6 - *fable*
7 - *forcené*
8 - *forgeron*
9 - *régal*
10 - *réglable*
11 - *réglage*
12 - *termite*
13 - *thermal*
14 - *tirage*
15 - *travail*

Exercice 2

1 - *dict. des synonymes* 2 - *dict. de la langue française* 3 - *dict. étymologique*

Exercice 3

adj.	*adjectif*	n. m.	*nom masculin*
adv.	*adverbe*	n. f.	*nom féminin*
fam.	*familier*	v. tr.	*verbe transitif*
littér.	*littéraire*	v. intr.	*verbe intransitif*
ant.	*antonyme*	v.	*voir*

Exercice 4

a)

1 - *Dictionnaire de la langue française.*

2 - *Dictionnaire des synonymes.*

3 - *Dictionnaire de la langue française.*

b)

La jeune femme avait bien éduqué son petit chien, elle l'avait habitué à vivre dans leur appartement exigu ; les voisins n'entendaient pas le moindre aboiement.

12 Vocabulaire Monosémie et polysémie (p. 21)

Exercice 2

1 - Il suit un traitement *homéopathique.*

2 - Elle collectionne les pièces de monnaie : c'est une *numismate* confirmée

3 - La *tuberculose* a pratiquement disparu dans nos pays

4 - Le *sida* est apparu dans le monde depuis peu d'années.

5 - Il *donne* beaucoup de son temps.

6 - C'est un enfant *instable.*

Exercice 3

1 - Un apollon. *Jeune homme d'une grande beauté. Apollon : dieu grec de la beauté.*

2 - Le nobel de la paix. *Homme qui a reçu un prix pour son action en faveur de la paix. Nobel : inventeur de la dynamite.*

3 - Le goncourt 1997.

Le livre qui a obtenu le prix Goncourt en 1997. Les frères Goncourt : *écrivains français.*

4 - Le marathon de New York. *La course de 42,195 km qui a lieu chaque année à New York. Marathon : victoire des Grecs sur les Perses à Marathon, à 40 km d'Athènes.*

5 - Un camenbert à point. *Fromage à pâte molle fabriqué avec du lait de vache. Camenbert : ville de Normandie où l'on fabrique ce fromage.*

6 - Un champagne brut. *Vin blanc mousseux fabriqué en Champagne. Champagne : région du nord-est où est fabriqué ce vin.*

13 Grammaire La forme négative (p. 22)

Exercice 1

a) *Il n'aimait plus regarder la mer.*

b) *Qu'il ne reverrait qu'au soir.*

c) *Le patron n'augmentait rien du tout.*

Exercice 2

1 - *Mon chat ne grimpe jamais sur mes genoux.*
2 - *Adrien ne fait confiance à personne.*
3 - *N'ajoute pas de sel dans ta soupe.*
4 - *Dans notre région il ne pleut pas beaucoup.*
5 - *N'avez-vous pas compris ?*
6 - *Ne vous arrêterez-vous pas en route ?*

Exercice 3

1 - Pendant longtemps j'ai fumé un paquet de cigarettes par jour, mais j'ai cessé il y a six mois : maintenant je *ne* fume *plus*. (N. temp)
2 - Moi, je *ne* fume *pas*, je sais que c'est mauvais pour la santé. (N. T)
3 - Je *n'*aime *pas beaucoup* les gâteaux, mais je mangerai de celui-ci puisque c'est vous qui l'avez confectionné. (N. P.)
4 - La vieille femme se plaint de solitude, ses enfants *ne* viennent *jamais* la voir. (N. temp)

14 Grammaire La forme passive (p. 23)

Exercice 1

	OUI	NON
1 - Jeanne sera opérée par un chirurgien célébre.	X	
2 - Ce chien est perdu.		X
3 - Mon frère s'est trompé.		X
4 - Le patron est venu par avion.		X
5 - L'ambassadeur est reçu par la reine.	X	
6 - Le boxeur est déclaré vainqueur.	X	
7 - Le blessé est rapidement secouru.	X	
8 - Nous sommes attendus par le directeur.	X	

Exercice 2

a) et b)

Légende : ——— bleu ; - - - - - - rouge.

1 - La route était barrée par les vignerons — *imparfait*
2 - Cette maison avait été bâtie par mon grand-père — *plus-que-parfait*
3 - Les bureaux seront transformés en appartements par la municipalité — *futur*
4 - Le cambrioleur fut surpris par la police — *passé simple*
5 - Le fleuve a été pollué par des rejets de produits chimiques — *passé composé*

c)

1 - *Les vignerons barraient la route.*
2 - *Mon grand-père avait bâti cette maison.*
3 - *La municipalité transformera les bureaux en appartements.*
4 - *La police surprit le cambrioleur.*
5 - *Des rejets de produits chimiques ont pollué le fleuve.*

Exercice 3

	OUI	NON	Transformation difficilement acceptable
1 - Nathalie a reçu un beau cadeau.			X
2 - La tempête a détruit trois chantiers.	X		
3 - Elle a bien aménagé son studio.			X
4 - J'ai une voiture neuve.		X	
5 - Tu as gagné le premier prix.			X

15 Expression écrite
L'exposé des idées (p. 24-25)

Exercice 1

a) *Méliès utilise le cinéma pour faire la propagande de produits commerciaux et inciter le public à les acheter.*
b) *Dans un restaurant, un chien lèche la moutarde que des clients ont jetée à terre, montrant ainsi qu'elle est excellente.*

Exercice 3

a) Bernadette *adore les manèges. Il y en a justement un tout près de la nouvelle habitation.*
Cécile et la narratrice *faisaient sans doute chambre commune dans l'ancien logement. Elles pourront désormais avoir chacune leur chambre.*
Claire *a horreur de tout changement. Elle pense que ce déménagement sera fatigant.*
b) *La mère accepte le déménagement à la campagne, sans montrer, toutefois, un grand enthousiasme. Elle pose une condition : pouvoir se déplacer facilement (avec une auto ou un deux-roues) pour continuer à aller et venir comme elle l'entend.*

16 Grammaire
Les éléments de la phrase (p. 26-27)

Exercice 1

Légende : ——— noir ; - - - - - - bleu ; ·········· rouge.
a) Les douze chiens tiraient le traîneau. Le temps était exécrable. Un vent violent soufflait du Nord. Depuis le matin, Michka était attelé en tête. Maintenant, le chemin montait et les bêtes peinaient durement contre la tempête.
b) *GN sujet : Michka – GV : montait (ou soufflait, ou peinaient)*
c) *La 4e phrase est à la forme passive – GV : était attelé.*

EXERCICE 2

Légende : ——— bleu ; - - - - - - rouge

a) La neige tombait de plus en plus dru, collait aux pattes des bêtes, alourdissait le traîneau.

b) *Les chiens se courbaient contre le vent, jappaient d'irritation, gémissaient aussi de souffrance.*

EXERCICE 3

1 - *Vous avez déjà rencontré les Dupont ; ils étaient invités au repas de Noël.*
2 - *J'achète des bougies ; je les allumerai au dîner.*
3 - *J'avais acheté des bougies et je les ai allumées au dîner.*

EXERCICE 4

1 - *Les deux perdreaux se sont envolés en vous entendant arriver.*
2 - *Le père de mon copain s'en est allé à la chasse.*
3 - *Le match terminé, les supporters s'en sont retournés chez eux.*
4 - *Les villageois de cette région se sont endimanchés pour la fête.*
5 - *Les manifestants s'en sont pris alors aux voitures*

EXERCICE 5

1 - Les heures *ont passé*, ce soir-là, avec une lenteur désespérante. *(pas de complément essentiel)*
2 - Le capitaine lui *a passé* les consignes. *(deux compléments essentiels)*
3 - Le voyageur *a passé* la rivière sans encombres. *(un seul complément essentiel)*

EXERCICE 6

1 - *Le soldat tourna les talons et s'éloigna.*
2 - *Il adorait tourner en ridicule les propos de son petit frère.*
3 - *Le cheval préféra tourner la difficulté et éviter l'obstacle.*
4 - *Un violent orage éclata : la fête tourna court.*
5 - *Le ton montait, Paul sentait que les choses tournaient à l'aigre.*

EXERCICE 7

1 - *L'enfant jouait avec sa poupée.*
2 - *Je joue au basket depuis deux ans.*
3 - *Étienne jouera une sonate ce soir.*
4 - *Étienne joue du piano.*
5 - *Pierre comprit que la jeune fille se jouait de lui et ne vint pas au rendez-vous.*

EXERCICE 8

avec ; à (au = à + le) ; de (du = de + le)

17 Expression écrite
Les exemples (p. 28-29)

Exercice 1

	Idée	Exemple
1	X	
2		X
3	X	
4		X
5		X
6	X	
7	X	
8		X

Exercice 3

1 - *joie et insouciance du peuple dans la fête foraine.*
2 - *misère et tristesse du vieux saltimbanque.*

18 Grammaire
Le nom et le groupe nominal (p. 30-31)

Exercice 1

1 - Une salle de bains *(complément de détermination).*
2 - Une salle immense *(adjectif).*
3 - Une salle à manger *(complément de détermination).*
4 - Une salle dans laquelle il fait bon vivre *(proposition subordonnée).*
5 - Une salle sans fenêtres *(complément de détermination).*

Exercice 2

1 - Il effectua un parcours sans *fautes.*
2 - C'est une maison sans *fenêtres.*
3 - Il vit un pauvre enfant sans *défense.*
4 - Pendant trente ans, ils vécurent sous un ciel sans *nuages.*
5 - C'était un jugement sans *preuve.*
6 - Il rencontra un avocat sans *cause.*
7 - Voici assurément un être sans *scrupule.*
8 - Elle avait une ambition sans *limites.*

Exercice 3

1 - Magali, *tremblant* de tous ses membres, lui répondit en bégayant.
2 - Magali, toute *tremblante*, lui répondit en bégayant.

3 - Marianne jouait son personnage d'une manière particulièrement *vivante.*
4 - On s'intéressa alors aux mœurs des autruches *vivant* à la limite du désert.
5 - La patronne de l'hôtel se montra très *accueillante.*
6 - Les candidats *désirant* passer l'épreuve facultative doivent s'inscrire tout de suite.

EXERCICE 4

1 - *C'est une unité de puissance électrique, du nom d'un célèbre physicien écossais James Watt (1736-1819)*
2 - *C'est un moteur à combustion interne du nom de son inventeur, l'ingénieur allemand Rudolf Diesel (1858-1913).*
3 - *Récipient destiné aux ordures ménagères, du nom du Préfet de la Seine qui l'imposa aux Parisiens en 1884.*
4 - *C'est le nom d'un mammifère carnivore, d'après le nom propre Renart, du héros du « Roman de Renart » (13e siècle). L'ancien nom commun de l'animal était goupil.*
5 - *Ce nom désigne une personne riche et généreuse qui aide les écrivains, les artistes. Il vient du nom d'un ministre de l'Empereur romain Auguste, Mœcenas qui encouragea les lettres et les arts.*

EXERCICE 5

Mon ami Jean a passé ses vacances dans l'île de Jersey, au large du Cotentin.

EXERCICE 6

Elle était vêtue d'un chandail en jersey sur un jean moulant dont elle ne savait se passer.

EXERCICE 7

1 - *C'était une vieille barque échouée dans la vase.*
2 - *Qui donc a cassé le vase de Florence ?*
3 - *L'officier de quart commandait la manœuvre d'accostage.*
4 - *On confia cette tâche ingrate à un jeune manœuvre fraîchement engagé.*
5 - *Le soldat venait de toucher sa solde.*
6 - *L'examen de ses comptes faisait apparaître un solde débiteur peu important.*

EXERCICE 8

Masculin	Féminin
frère	sœur
homme	*femme*
parrain	marraine
gendre	*bru*

Masculin	Féminin
taureau	vache
sanglier	*laie*
cerf	biche
bouc	*chèvre*

21 Grammaire
Les déterminants (p. 34-35)

Exercice 1

a) Lorsque Quantin reporta son regard vers le bois, il remarqua un point sombre, à peine mobile, et qui semblait suspendu entre ciel et neige. Quantin s'approcha de la vitre. Il était impossible de reconnaître l'homme qui montait le chemin, mais Quantin comprit tout de suite qu'il s'agissait de l'instituteur.

Bernard Clavel, *Le Voyage du père*, Éd. Robert Laffont

b) – *un point sombre, à peine mobile et qui semblait suspendu…*
– *l'homme qui montait le chemin ;* – *l'instituteur.*

c) *Le premier déterminant, celui qui permet de désigner pour la première fois est un indéfini (un). Les autres sont des déterminants définis (l').*

Exercice 2

Une nuit, j'ai été réveillé en sursaut par quelque bruit venant de la rue. Je me suis levé et j'ai aperçu un passant qui s'éloignait, se hâtant vers son logis. Il m'a semblé que cet individu ne m'était pas inconnu. J'ai longuement observé l'homme, sans toutefois le reconnaître, et je suis revenu me coucher. Comme je me retournais dans mon lit sans pouvoir me rendormir, j'ai eu soudain comme une révélation : c'était moi que le passant attardé était venu chercher. Il allait, je n'en doutais pas, faire demi-tour et j'allais l'entendre sonner.

Déterminants définis	Déterminants indéfinis
la (rue) ; son (logis) ; cet (individu) ; l' (homme) ; mon (lit) ; le (passant).	*une (nuit) ; quelque (bruit) ; un (passant) ; une (révélation).*

Exercice 3

a) *J'ai longuement observé cet homme.*

b) *Le nouveau déterminant est défini. On ne peut employer un déterminant indéfini puisqu'il a déjà été question de l'homme dans le texte.*

c) *Certaine nuit, j'ai été réveillé en sursaut par un bruit venant de la rue.*

Exercice 4

Certain jour, errant dans la partie élevée d(?) *de la* plaine de Cachena, harassé de fatigue, mourant de soif, j'aperçus assez loin du sentier que je suivais, *une* petite pelouse verte parsemée de joncs et de roseaux. Cela m'annonçait le voisinage d(?) *d'une* source. En effet, en m'approchant, je vis que *la* prétendue pelouse était *un* marécage où se perdait *un* ruisseau, sortant d(?) *d'une* gorge étroite. À l'entrée d(?) *de la* gorge, mon cheval hennit, et *un autre* cheval, que je ne voyais pas, lui répondit aussitôt. À peine eus-je fait *une* centaine de pas, que *la* gorge, s'élargissant tout à coup, me montra *une* espèce de cirque naturel parfaitement ombragé par *la* hauteur des escarpements qui l'entouraient. Il était impossible de rencontrer *un* lieu qui promît au voyageur *une* halte plus agréable.

D'après Prosper Mérimée, *Carmen*

Exercice 5

1 - *Nous n'avons pas acheté de pain.*
2 - *Nous n'avons pas acheté de viande.*
3 - *Nous n'avons pas acheté d'œufs.*
4 - *Nous n'avons pas acheté beaucoup de pain.*

Exercice 6

1 - *Nous n'avions rencontré aucun promeneur attardé.*
2 - *Nul ami intime n'est venu lui proposer son aide.*
3 - *Aucun village ne célébrait le retour du printemps.*

22 Expression écrite Le résumé de texte (p. 36-37)

Exercice 1

Légende : ——— bleu ; ------ rouge.

a) et b) « Observons un homme qui range une pile de linge. Techniquement, c'est à sa portée, mais il n'est pas très motivé, ce qu'il fait ressemble au mieux à la tour de Pise. Pour beaucoup de femmes, une pile de linge de travers, ce n'est pas possible. "Je sais que c'est idiot de ma part, disent-elles, mais j'ai plus vite fait moi-même." Il arrive que les femmes empêchent les hommes de prendre leur part de tâches, parce qu'elles ont une certaine idée de la manière dont les choses doivent être faites. Petit geste après petit geste, on retombe dans l'inégalité.

Un homme et une femme n'ont pas le même regard sur une pile de linge. Il y a la mémoire du corps, les gestes. Le lien entre les femmes et le linge a des siècles d'histoire. Les études montrent que les femmes détestent s'occuper de la voiture. Les hommes, du linge. Un homme se sent moderne quand il a deux ou trois ancrages dans la maison (comme le bricolage ou la cuisine de fête).

En onze ans, malgré une forte pression de la part des femmes, les hommes n'ont augmenté leur participation aux tâches ménagères que de onze minutes… C'est peu. Surtout, leur intervention reste un "coup de main". On les voit au supermarché, le samedi, avec un sac kangourou contenant leur bébé et un caddie, la liste à la main, fiers, comme si tout le monde les admirait.

Pendant ce temps, leur femme voltige partout, pensant à toute allure à l'état des stocks, à des idées de menus, avec des considérations diététiques et économiques. On ne dit pas assez que la gestion de la maison est un travail intellectuel constant, énorme, toujours pas pris en compte. »

Jean-Claude Kaufmann. *Télérama*, n° 2407, 28/02/96

c) *Les hommes, aujourd'hui, s'occupent un peu plus des tâches domestiques ; mais c'est toujours sur les femmes que repose l'écrasante responsabilité de la gestion de la maison.*

Exercice 2

a) et b) 600 mètres sous les mers

J'adore l'eau. Comme mon père est plongeur, il m'emmène quelquefois plonger avec ses amis.

Souvent pour une simple promenade avec mon masque et mes palmes. Mais, ce jour-là, en arrivant sur le bateau, j'ai découvert le Rémora 2000, une bulle transparente toute jaune, posée sur le pont.

L'équipage était autour de lui pour le préparer avec une *check-list* : c'est une grande liste de ce qu'il faut vérifier avant de plonger. Puis, j'ai grimpé dans la bulle par une sorte de petit escalier. Le sous-marin était accroché à une grue. Comme il pèse 5 tonnes, la grue est le seul moyen de le descendre dans l'eau. Ça bouge un peu. Un plongeur est venu nous décrocher et nous avons entamé la plongée.

Je ne voyais plus rien. Tout était blanc, l'eau bouillonnait autour de nous. J'étais très surprise de pouvoir m'enfoncer dans l'eau sans avoir à me boucher le nez et à souffler ! Pendant la descente, le pilote m'a montré comment on dirige le sous-marin. C'est plutôt amusant. On a l'impression de manœuvrer un grand jeu électronique.

Tout à coup, j'ai commencé à distinguer une sorte de grand mur devant nous. C'était un énorme bateau. Le *Chaouen* a coulé ici en 1970. C'était la première fois que je voyais une épave. Le pilote m'a montré l'hélice, les hublots, la grande cale. Quand le bateau a coulé, la cale était remplie d'oranges. Elles sont toutes parties à la mer et le courant les a portées vers la côte. Pendant des semaines, les gens qui se promenaient sur les plages ont ramassé des oranges !

Comme le sous-marin est tout petit, il peut s'approcher très près du bateau, tourner autour, rester immobile au-dessus de lui. On dirait un petit hélicoptère ! Il ne fait pratiquement pas de bruit et les poissons se sont vite habitués à nous. Bien au sec dans ma bulle, j'ai pu les observer à loisir. Les poissons les plus curieux venaient nager dans la lumière des phares qui les rendait tout dorés.

Au bout d'un moment, il a bien fallu se décider à remonter. Par radio, nous avons prévenu le navire-support en surface. Le plongeur nous attendait. Il nous a raccrochés à la grue et on nous a soulevés. L'eau ruisselait partout autour de la bulle, le soleil faisait apparaître des arcs-en-ciel.

Je sais maintenant qu'il y a des centaines de bateaux cachés au fond de l'eau. Et sûrement des trésors.

«Anouck». Propos recueillis par Isabelle Croizeau. *Cousteau Junior* n° 4, février 1996

c) 1 - *Je vais faire une promenade dans un petit sous-marin.*
2 - *La plongée commence, après les préparatifs d'usage.*
3 - *C'est une plongée étonnante : comme un jeu électronique.*
4 - *La visite de l'épave du Chaouen.*
5 - *Petit et agile, le sous-marin permet d'observer facilement.*
6 - *C'est fini, il faut remonter.*
d) *L'auteur emploie la première personne, au singulier et au pluriel.*
e) Proposition de résumé

Un jour, mon père, qui est plongeur, m'a proposé une promenade dans un petit sous-marin.

Je suis montée à bord avec le pilote et, après les vérifications techniques, la plongée a commencé. La descente a été étonnante : piloter un sous-marin ressemble à un jeu électronique.

Nous avons visité l'épave du cargo Chaouen, coulé en 1970, qui transportait des oranges. Petit, agile, muni de phares, le sous-marin dévoile tous les détails de l'épave.
J'ai vu aussi des poissons merveilleux
Puis, nous sommes remontés à la surface. Je sais aujourd'hui que de nombreuses épaves dorment sous la mer, cachant peut-être des trésors.

23 Grammaire Les pronoms (p. 38-39)

Exercice 1-2

L'inspecteur Duroc se précipita. Il avait compris que le suspect ne devait pas être loin.
– Ne bougez pas ! je vous interdis de sortir !
Il fallait que personne ne sorte.
Duroc aperçut des verres sur la table. Rapidement, il en compta trois. Il y avait donc trois buveurs.
Il appela son adjoint, mais en vain. Celui-ci venait sans doute de sortir.

Exercice 3

Légende : ——— bleu ; - - - - - - rouge.

a) Une jeune fille d'une vingtaine d'années est entrée brusquement dans la pièce, souriante. Elle voit Lucien, le regarde un instant, puis va vers le couloir, sans faire de bruit. Lucien la suit des yeux. Horn, qui a le dos tourné, n'a pas vu la jeune fille.
Elle revient dans la pièce, portant un cabas. Elle va ouvrir un tiroir pour prendre de l'argent, sans se presser, en jetant des coups d'œil curieux à Lucien.
Celui-ci ne la quitte pas des yeux.
Horn, suivant le regard de Lucien, se retourne et la voit. Il paraît contrarié, et s'avance vers la jeune fille.

Horn : Qu'est-ce que tu veux ?
La jeune fille : Je vais faire des courses.
Horn : Tu vois bien que je suis occupé.

La jeune fille s'approche de Lucien.

La jeune fille : Tu ne me présentes pas ?

Horn hésite.

Horn *(gêné)* : Ma fille.

Louis Malle et Patrick Modiano, *Lacombe Lucien*, Scénario Gallimard

b) *Cinq fois.*
c) *L'emploi d'un pronom personnel aurait été ambigu : il aurait pu désigner aussi bien Horn que Lucien.*
d) *Le pronom sujet il aurait été ambigu : il aurait désigné aussi bien Horn que Lucien. Celui-ci désigne le plus rapproché des deux, donc Lucien.*

Exercice 4

1 - *Le paquebot est arrivé au Havre. Il en repartira bientôt.*
2 - *Quel chemin prenons-nous ? Celui de droite ou celui de gauche ?*
3 - *Ta moto n'est pas aussi vieille que la mienne.*
4 - *J'ai pris plusieurs décisions. La plus dure a été celle de revenir ici.*
5 - *On a retrouvé tes affaires, mais on n'a toujours aucune nouvelle des miennes.*

Exercice 5

	Gr. nominal	Adjectif	Proposition
J'ai acheté un livre et je *le* lirai ce soir.	X		
Éric est furieux, je *le* sais.			X
Le mas a été vendu, c'est bien *cela*.			X
Je n'ai plus de pain. Je vais *en* acheter.	X		
La pluie tombe, mais je m'*en* moque.			X
Anne est ennuyée ; je ne *le* suis pas.		X	

Exercice 6

Tu vas trouver la sortie, je le sais bien.

Exercice 7

1 - *Elle est merveilleuse, ton histoire.*
2 - *Elle ne finira donc jamais, cette tempête !*
3 - *Ils sont enfin arrivés, nos invités.*
4 - *Elle ne manque pas de courage, Sylvie.*
5 - *Cela m'aurait bien étonné, qu'elle revienne.*

24 Vocabulaire Les antonymes (p. 40)

Exercice 1

lisible *illisible. Ce teste est illisible.*
honnête *malhonnête. C'est un homme malhonnête.*
stabilisé *déstabilisé. Les attentats ont déstabilisé cette région.*
possible *impossible. Il est impossible de soulever une telle charge.*
prudence *imprudence. Depuis son accident, il commet beaucoup moins d'imprudences.*
équilibré *déséquilibré. Ce système est déséquilibré.*
normalement *anormalement. Cet enfant est anormalement grand.*

Exercice 2

hardi	*lâche*	cocasse	*sérieux*	étincelant	*obscur*
oral	*écrit*	tacite	*exprimé*	tenace	*versatile*

Exercice 3

clouer	*déclouer*	démasquer	*masquer*	organiser	*désorganiser*
améliorer	*détériorer*	démentir	*attester*	rougir	*blêmir*

Exercice 4

« Ce qui nous arrive est injuste. Nous avons été jugés illégalement car les témoignages produits au procès étaient inexacts ; d'ailleurs, nous avons contesté ce qui nous était reproché. Bref, nous sommes innocents et nous voulons être acquittés. »

25 Vocabulaire Le sens propre et le sens figuré (p. 41)

Exercice 1

a)

1 - *Un énorme poisson, un dauphin bondit…*

2 - *Son cœur bondissait…*

b) *Le verbe jaillir dans : « la bête jaillit… ».*

Exercice 2

1 - *Un mur mitoyen séparait les deux jardins.*

– J'avais beau le lui expliquer, il ne comprenait pas ; je me heurtais à un mur.

2 - *Pour aller en ville, il faut marcher pendant une heure.*

– Le stratagème qu'il avait imaginé a parfaitement marché.

3 - *Cette jeune fille est muette de naissance.*

– Les grandes douleurs sont muettes.

4 - *L'exploitation intensive de cette carrière l'a épuisée.*

– Je pense que nous avons épuisé ce sujet.

5 - *Il aimait plonger dans la vague.*

– Nous avons vu naître une vague de protestations.

6 - *De gros nuages noirs obscurcissent le ciel.*

–Leur bonheur était sans nuages.

7 - *Il buta contre une racine et s'étala.*

– Il faut s'attaquer aux racines du mal.

8 - *Une bombe explosa à quelques mètres d'eux.*

– Le client ne put se contenir : sa colère explosa violemment.

26 Grammaire Le verbe (p. 42-43)

Exercice 1

Je constat|e	Tu cour|ais	Vous not|erez
Elle dans|a	Il remarqu|era	Ils atteind|ront
Je reç|us	Nous reven|ons	Tu rédig|es

Exercice 2

	Verbe	Nom
1		X
2	X	
3	X	
4		X
5	X	
6		X

Exercice 3

La grande forêt n'était plus qu'un souvenir et devant les aviateurs s'étendait à perte d'horizon l'immense toundra sans relief apparent, ciselée de-ci de-là par le cours sinueux d'une rivière qui renvoyait vers le ciel, comme des éclats de phare sur l'infini de l'océan, les pâles rayons d'un soleil reflété par ses glaces en dérive.
Jack McLean recherchait dans tout ce vide géographique un repère qui puisse permettre de situer leur position exacte ; il eut un geste rageur, rejeta les cartes qui encombraient ses genoux.
– Paumés ? interrogea Max.
– Pas encore, mais je ne serai fixé que lorsqu'on aura recoupé la rivière Thélon, prends un peu d'altitude.
Mais plus ils montaient, plus le paysage brumeux se voilait ; ils redescendirent à trois mille pieds.

R. Frison-Roche. *La Peau de Bison*, Éd. Flammarion

a) – un verbe au mode indicatif *était (s'étendait, renvoyait…)*
– un verbe au mode subjonctif *qui puisse*
– un verbe au mode infinitif *permettre (situer)*
– un verbe au mode impératif *prends*

Exercice 4

Depuis quelque temps j'ai mal aux dents, il faut que j'*aille* chez le dentiste ; si j'avais du courage j'*irais* rapidement. Ce matin ma mère est intervenue, elle m'a dit : « *va* chez le dentiste ou c'est moi qui t'y conduirai. » Je ne peux plus faire autrement : je *vais* chez le dentiste tout à l'heure.

Exercice 5

Formes simples	Formes composées
– portaient	*– avait déposés*
– était	*– avait disposé*
– respectait	*– avait touché*
– s'approvisionner	*– eût été*

Exercice 6

- Je reçois → J'ai reçu
- Je recevrai → J'aurai reçu
- Je reçus → J'eus reçu
- Je recevais → j'avais reçu

Il envoya	Il avait envoyé
Il envoyait	Il eut envoyé
Il enverra	Il aura envoyé
Il envoie	Il a envoyé
Elles partaient	Elles sont parties
Elles partiront	Elles étaient parties
Elles partent	Elles seront parties
Elles partirent	Elles furent parties

EXERCICE 7

a) L'an passé, en plein hiver, Peter s'était perdu dans ces immensités : pris dans le blizzard et à court d'essence il s'était posé sur la toundra : on l'avait retrouvé par hasard au printemps suivant, momifié par le froid, à moitié dévoré par les fauves. Il avait tenu cinquante-six jours, d'abord avec les provisions du bord, ensuite en mangeant des renards blancs, qui rôdaient affamés autour de l'épave de l'avion, puis, ayant épuisé son carburant, il avait attendu stoïquement la mort, en notant son agonie sur son carnet de vol.

R. Frison-Roche, *La peau de Bison*, Éd. Flammarion

b) *en mangeant – en notant.*

27 Vocabulaire
Les préfixes et les suffixes (p. 44)

EXERCICE 1

ir|réproch|able	il|légale|ment	in|viv|able
ré|arme|ment	in|transport|able	im|perméabilis|ation

EXERCICE 2

Qui n'est pas sain	(adjectif)	*malsain*
Mettre la récolte dans la grange	(verbe)	*engranger*
Passage sous la terre	(nom ou adjectif)	*souterrain*
Qui est au-delà des Alpes	(adjectif)	*transalpin*
Enlever ses habits	(verbe)	*déshabiller*
Qui ne peut être réparé	(adjectif)	*irréparable*
Entrer à nouveau	(verbe)	*rentrer*

EXERCICE 3

X inracontable	insecte	regard	résumer
insert	inscrire	X refaire	X regratter
X insalubre	X insatisfait	refuge	X regrouper

EXERCICE 4

1 - À ses oreilles pendouillaient d'affreuses boucles de métal.

2 - Je n'aime pas voir cet enfant rêvasser à longueur de journée.

3 - Ce vêtement mal lavé est devenu verdâtre.

4 - En ce moment, je rédige ma déclaration de revenus, que de paperasse à remplir !

EXERCICE 5

Suffixes péjoratifs.

Exercice 6

Suffixes diminutifs.

Exercice 7

égaliser	*égalisation*	jardiner	*jardinage*
justifier	*justification*	électrifier	*électrification*
arroser	*arrosage*	démocratiser	*démocratisation*
déballer	*déballage*	labourer	*labourage*

28 Vocabulaire Les familles de mots (p. 45)

Exercice 1

a) *assainissement – sain – malsaines.*
b) *sainement – assainir.*

Exercice 2

saint *saintement – sainteté – sainte nitouche.*
ceint *ceinture – ceinturer – enceinte.*
scène *scénique – scénographique – avant-scène.*

Exercice 3

Préfixe + radical	Radical + suffixe	Préfixe + radical + suffixe
transport	*portable*	*comportement*
report	*porteur*	*transporteur*

Exercice 4

Avec un seul n *donation, donataire, donatrice, donateur*

Avec deux n *donner, s'adonner, maldonne, donne*

29 Grammaire Le présent et le passé composé (p. 46-47)

Exercice 1

Infinitif	Présent	Passé composé
Arriver	Elle *arrive*	Elle *est arrivée*
Envoyer	J' *envoie*	J' *ai envoyé*
Bondir	Il *bondit*	Il *a bondi*
Monter	Elles *montent*	Elles *sont montées*
Courir	Tu *cours*	Tu *as couru*
Fendre	Je *fends*	J' *ai fendu*
Croire	Nous *croyons*	Nous *avons cru*

Exercice 2

a) et c) En entrant, Mamette avait commencé par me faire une grande révérence, mais d'un mot le vieux lui coupa sa révérence en deux :
«C'est l'ami de Maurice...»
Aussitôt la voilà qui tremble, qui pleure, perd son mouchoir, qui devient rouge, toute rouge, encore plus rouge que lui... Ces vieux ! ça n'a qu'une goutte de sang dans les veines, et à la moindre émotion elle leur saute au visage...
«Vite, vite, une chaise... dit la vieille à sa petite.
– Ouvre les volets...» crie le vieux à la sienne.
Et, me prenant chacun par une main, ils m'emmenèrent en trottinant jusqu'à la fenêtre, qu'on a ouverte toute grande pour mieux me voir. On approche les fauteuils, je m'installe entre les deux sur un pliant, les petites bleues derrière nous, et l'interrogatoire commence :

A. Daudet, *Lettres de Mon Moulin*

b) *Présent de narration – Énoncé récit, verbes au passé dans la première phrase.*

Exercice 3

	Futur proche	Présent de l'instant	Présent d'habitude
Publient			X
m'arrive		X	
j'y trouve		X	
je vais	X		

Exercice 5

La veille de la rentrée, grand-mère *est venue* (venir) garder les enfants. Lorsqu'elle *est arrivée* (arriver) ils l'*ont embrassée* (embrasser), puis ils *sont allés* (aller) faire leur toilette. Ensuite ils *se sont précipités* (se précipiter) dans leur lit où ils *ont attendu* (attendre) sagement qu'elle vienne leur raconter une histoire.

Exercice 6

Aspect accompli	Aspect non accompli
j'ai mis	*on ne salue plus*
je suis sorti	*on ne salue plus*
a demandé	*vous êtes*
a répondu	*peut*
a dit	
a dit	

Corrigé
du cahier d'exercices
de 3e technologique

1 Grammaire
L'imparfait, le passé simple, et leurs temps composés (p. 2-3)

EXERCICE 1

	Imparfait	Passé simple
Je (manger) Tu (grandir) Il (lancer) Nous (recevoir) Je (rendre) Vous (venir)	*Je mangeais* *Tu grandissais* *Il lançait* *Nous recevions* *Je rendais* *Vous veniez*	*Je mangeai* *Tu grandis* *Il lança* *Nous reçûmes* *Je rendis* *Vous vîntes*

EXERCICE 2

1 - *J'avais cherché.*
2 - *Tu fus descendu.*
3 - *Vous aviez rédigé.*
4 - *Elle était devenue.*
5 - *Nous fûmes sortis.*
6 - *Ils avaient accepté.*

EXERCICE 3

a) Le père de Tanguy venait passer les fins de semaine à la maison. Il arrivait en voiture. Tous les trois ils repartaient aussitôt pour une promenade aux alentours. Ils allaient voir la rivière, parcourir la forêt. Tanguy cueillait des champignons ou des violettes. […] Il courait avec Tom et lui jetait des cailloux que le chien rapportait avec fierté.

Michel Del Castillo, *Tanguy*, DR.

b) Ces verbes expriment des actions habituelles dans le passé.

EXERCICE 5

a)

Temps : *Imparfait*	**Temps :** *Passé simple*
Présente le décor	Exprime les actions passées qui se succèdent au premier plan
disparaissait *plongeait* *se débattait* *s'affrontaient* *scintillait* *s'assoupissait*	*fit* *escaladèrent* *s'arrêtèrent* *s'assirent* *mangèrent* *tardèrent* *raconta*

EXERCICE 6

1 - Quand il *avait lu* (lire) le journal, il le prêtait à son voisin. *– pl.-q-p.*

2 - Quand la grand-mère *eut reconnu* (reconnaître) l'enfant, elle l'embrassa tendrement. *– p. ant.*

3 - Parce qu'il *avait terminé* (terminer) son travail, il pouvait enfin se reposer.. *– pl.-q-p.*
4 - Quand il *eut tondu* (tondre) la pelouse, il contempla son jardin le sourire aux lèvres. *– p. ant.*
5 - Dès que l'instituteur *eut ouvert* (ouvrir) la porte de la classe, les enfants s'élancèrent bruyamment dans la cour. *– p. ant.*

Exercice 7

Comme nous arrivions sur l'épaule du pic, je *vis* (voir) s'avancer un immense radeau violet, qu'un éclair rouge *déchira* (déchirer) brusquement mais sans bruit.
Nous *franchîmes* (franchir) une troisième cheminée qui *était* (être) presque verticale, et nous *arrivâmes* (arriver) sur l'avant-dernière terrasse que *surmontait* (surmonter) de quelques mètres le plateau terminal.

D'après Marcel Pagnol, *Le Château de ma mère*

2 Vocabulaire
Les noms dérivés (p. 4)

Exercice 1

Mots	Classes	Noms dérivés
Tendre	*Adjectif*	*tendresse*
Brûler	*verbe*	*brûlure*
Boulanger	*nom*	*boulangerie*
Attirer	*verbe*	*attirance*
Grève	*nom*	*gréviste*
Souffrir	*verbe*	*souffrance*
Linge	*nom*	*lingerie*
Riche	*adjectif*	*richesse*
Fêler	*verbe*	*fêlure*
Venger	*verbe*	*vengeance*
Journal	*nom*	*journaliste*
Biscuit	*nom*	*biscuiterie*

Exercice 2

1 - *Carpe + suffixe diminutif eau : un pêcheur prit une petite carpe.*
2 - *Serpent + suffixe diminutif elet : les lèvres de l'homme ont pris la forme d'un petit serpent lorsqu'il a souri.*
3 - *Botte + suffixe diminutif illon : Cendrillon chausse ses petites bottes.*

Exercice 3

1 - *roseraie.*
2 - *légumier*
3 - *sottisier.*

3 Vocabulaire
Les noms composés (p. 5)

Exercice 1

Rond	Savon	*rond-point*
Pique	Toilette	*pique-assiette*
Fait	Part	*fait-tout*
Porte	Voile	*porte-savon*
Patte	Point	*patte d'oie*
Trousse	Assiette	*trousse de toilette*
Vol	Tout	*vol à voile*
Faire	Linge	*faire-part*
Pince	Fruits	*pince à linge*
Pâte	Oie	*pâte de fruits*

Exercice 2

a et b)

	2	3
Et si la belle		
Se montre encore rebelle		
On la fiche dehors		
Pour confier son sort		
Au frigidaire		
À l'efface-poussière	*vb-nom*	*efface-fautes*
À la cuisinière		
Au lit qu'est toujours fait		
Au chauffe-savates	*vb-nom*	
Au canon à patates	*nom-nom*	
À l'éventre-tomates	*vb-nom*	
À l'écorche-poulet	*vb-nom*	

Boris Vian, extrait de « La Complainte du Progrès », *Chanson et Poèmes*, © Mme Vian, DR.

c) *Des efface-poussière, des chauffe-savates, des canons à patates, des éventre-tomates, des écorche-poulets.*

4 Grammaire
Les futurs (p. 6-7)

Exercice 1

1 - Elle *se mariera* en mai prochain.
2 - Vous *achèterez* le pain en sortant de l'école.
3 - Tu ne *courras* pas trop vite pour que Nicolas puisse te suivre.
4 - Nous *paierons* notre part des dépenses. (*payerons*)
5 - Elles *feront* leurs devoirs ensemble.
6 - Tu *créeras* ta propre entreprise.

Exercice 2

Texte 1 :
Marie Durand, figure célèbre que les protestants sont fiers de compter parmi les défenseurs de leur foi, est emprisonnée en 1730 : elle n'a que quinze ans. Son frère est pendu et son père, condamné aux galères... Elle restera captive dans la tour de Constance pendant trente-huit années et sera, au cours de cette longue détention, l'inspiratrice de la résistance et du soutien moral de ses compagnes.
Lors d'une tournée d'inspection, le prince de Beauvaux, gouverneur du Bas Languedoc, se fait ouvrir son cachot. Ému par sa détresse physique et son indomptable énergie morale, il la fait libérer, le 27 décembre 1768, avec les dernières captives dont Suzanne Pagès et Marie Roux (vingt-trois et vingt-sept ans de réclusion).

Marie Durand et ses compagnes, *Aigues-Mortes*, Éd. AIO, DR.

Texte 2
– Vous vous lèverez tous les matins à cinq heures, reprenait mon père. Vous ferez aussitôt votre lit, vous vous laverez, puis vous vous rendrez à la chapelle pour entendre la messe du père Trubel, que vous servirez à tour de rôle. Après votre action de grâces, vous irez apprendre vos leçons dans l'ex-chambre de ma sœur Gabrielle, transformée en salle d'étude, parce qu'elle est contiguë à celle du père, qui aura ainsi toutes facilités pour vous surveiller. À huit heures, vous déjeunerez...
- À ce propos, mademoiselle, coupa madame mère, je précise que ces enfants ne prendront plus désormais de café au lait, mais de la soupe. C'est plus sain. Vous pourrez donner un peu de lait à Marcel, qui a de l'entérite.

Hervé Bazin, *Vipère au poing*, Éd. Grasset

Texte 3
« Nous sommes heureux, nous aiderons notre ami Jeannot. Ne sois plus marquis ; toutes les grandeurs de ce monde ne valent pas un bon ami. Tu reviendras avec moi au pays, je t'apprendrai le métier. Il n'est pas bien difficile ; je te mettrai de part et nous vivrons gaiement dans le coin de terre où nous sommes nés. »

Voltaire, *Jeannot et Colin*

a) *rester, être, se lever, faire, se laver, se rendre, servir, aller, avoir, déjeuner, prendre, pouvoir, aider, revenir, apprendre, mettre, vivre.*
b) 1 - Dans le texte n° *3*, le futur simple exprime des faits qui auront lieu dans l'avenir par rapport au moment où l'on parle.
2 - Dans le texte n° *1*, le futur simple exprime des faits futurs par rapport aux événements passés que l'on vient de raconter.
3 - Dans le texte n° *2*, le futur simple exprime des ordres.

Exercice 3

La route s'engageait sous les arbres. La plupart étaient encore sans feuilles. Quelques-uns verdoyaient un peu, des petites feuilles d'un vert très propre et très clair. On se demandait même si elles n'étaient pas un peu sucrées. Plus loin la route tournait, on verrait la Grande Vue, sur le Grésivaudan, le grand rocher qui tombe à pic, et là-dessous tout en bas les tout petits arbres, les toutes petites maisons, les routes comme des égratignures, l'Isère qui serpente sous une brume légère, légère. On s'arrêterait et on regarderait. Papa dirait : « Regarde le petit train », ou bien : « Tu vois la petite tache noire, là, qui bouge sur la route ? C'est une auto. Il y a des gens dedans. Quatre personnes, une dame avec un petit chien, et un monsieur avec une grande barbe. » Le petit garçon dirait :

«Comment que tu les vois ?» – «Je me suis fait greffer une petite lunette dans l'œil gauche, tu sais bien, dirait papa. Regarde, dirait-il en écarquillant son œil, tu ne la vois pas ? Et lui, comme il n'est pas très sûr que ce soit vrai ou pas vrai : «Ben… pas très bien…» Peut-être qu'à ce moment-là papa rirait et le prendrait sur ses épaules, une jambe de chaque côté.

Vercors, «Ce jour-là», *Le Silence de la mer et autres récits*, Éd. Albin Michel

Exercice 4

1 - Je vous assure que nous *arriverons* (arriver) au refuge avant la nuit. *futur simple.*
2 - Je leur assurais que nous *arriverions* (arriver) au refuge avant la nuit. *futur du passé.*
3 - Je me demande si elle *peindra* (peindre) sa chambre en bleu. *futur simple.*
4 - Je me demandais si elle *peindrait* (peindre) sa chambre en bleu. *futur du passé.*
5 - Je suis persuadé que ce livre *recevra* (recevoir) le prix Goncourt. *futur simple.*
6 - J'étais persuadé que ce livre *recevrait* (recevoir) le prix Goncourt. *futur du passé.*

Exercice 5

1 - À notre retour de vacances nous trouverons le courrier que le facteur *aura déposé* (déposer) chez nos voisins.
2 - Quand l'équipe de notre ville *aura gagné* (gagner) ce match, elle sera championne de France.
3 - Nous rentrerons dans la maison quand j'*aurai retrouvé* (retrouver) la clé.
4 - Vous débarrasserez la table dès que nous *aurons terminé* (terminer) le repas.

5 Expression écrite La construction d'un récit (p. 8-9)

Exercice 1

Légende : ——— noir ; - - - - - - rouge.

a) L'histoire du soldat Trinquette

Ce Trinquette faisait en ce temps-là son service militaire à Tarascon. Le papa Trinquette, qui était veuf, adorait son fils unique, et s'inquiétait grandement de son sort. Or, il découvrit un jour, avec joie, que le colonel du régiment n'était rien d'autre que son meilleur ami d'enfance... Il sauta aussitôt sur sa plus belle plume, et lui écrivit une longue lettre, pour lui rappeler de touchants souvenirs, et lui recommander son fils, sujet d'élite, et seule consolation de ses vieux jours.

Le colonel — ami fidèle — fit sur-le-champ appeler Trinquette Édouard, pour l'assurer de sa bienveillance : mais l'adjudant de semaine vint lui apprendre — au garde-à-vous — que le sujet d'élite était parti depuis huit jours en permission extraordinaire pour assister aux obsèques de son vieux père, consoler sa mère éplorée, et régler de délicates questions d'héritage avec ses quatre frères et sœurs.

Le colonel fut tout près de périr d'apoplexie, et la maréchaussée se mit à la recherche du farceur.

Comme Tarascon est une petite ville, où les gens parlent volontiers, on le découvrit le soir même, à l'hôtel des Trois-Empereurs, où il faisait le quatrième, car il vivait caché dans la chambre d'une servante rousse, qui le ravitaillait aux dépens de la cuisine. Les gendarmes surgirent au premier tiers d'un pâté de grives, et le soldat Trinquette Édouard, couvert de chaînes, fut ramené à la caserne, où le colonel le plongea, pour trois semaines, dans un cachot plein de rats.

Voilà ce qui peut arriver aux gens que l'on recommande, quand ils ne vous ont rien demandé.

D'après Marcel Pagnol, *Le Château de ma mère*, Éd. Bernard de Fallois

b) *– Le père Trinquette écrit au colonel du régiment.*
– Le colonel fait chercher le soldat Trinquette.
– L'adjudant de semaine vient dire au colonel que Trinquette est en permission exceptionnelle car son père est décédé.
– Le colonel envoie les gendarmes pour retrouver Trinquette.

c) *Le soldat Trinquette est retrouvé par les gendarmes qui le ramènent à la caserne, où il est mis au cachot.*

d) *Il ne faut pas recommander les gens à leur insu.*

e) *Passé simple et imparfait de l'indicatif.*

6 Grammaire
Les modes (p. 10-11)

Exercice 1

Mode indicatif	Mode subjonctif	Mode impératif
vous le rendrez *vous le lui avez dit* *il l'a compris* *vous substituez* *il ne raisonnera plus* *il ne sera plus* *vous voulez* *vous allez* *ne commencez-vous* *vous lui parlez*	*qu'il ne sache* *qu'il n'apprenne* *qu'il l'invente* *qu'il sache*	*rendez* *ne vous pressez…* *mettez* *laissez-les lui*

Exercice 2

1 - Je constate que tu *prends* (prendre) ton médicament à heures fixes.
2 - Il faut que je *sache* (savoir) quel sera le nombre d'invités.
3 - Je *réponds* (répondre) toujours immédiatement aux lettres que je reçois.
4 - Avant d'entasser le bois, j'aimerais que vous *fendiez* (fendre) les grosses bûches.
5 - Il faut que tu *prennes* (prendre) un parapluie car le temps est menaçant.
6 - Je *sais* (savoir) que nous serons treize à table.
7 - Il est urgent que je *réponde* (répondre) à cette lettre.

Exercice 3

Il est amarré, le merveilleux petit pays, comme un ponton au rivage de l'Europe fiévreuse, comme une bouée à l'embouchure des grands fleuves. Il flotte, radeau bien construit. Que la tempête le ménage ! Ne va-t-il pas, si le vent s'élève trop rude, se détacher et s'en aller à la dérive, au gré des courants maritimes ? Il flotte, toutes ses pièces bien rangées, comme un train de bois sur le Rhin. Holà ! Gerrit, fermier rusé, ne pousse pas trop de

vaches sur ta belle prairie rectangle ! Ne crains-tu pas qu'elle s'enfonce ou qu'elle chavire tout d'un coup, qu'elle bascule comme un glaçon vert ?
Il faut que tes moulins tournent, que, sans arrêt, l'eau des bas-fonds soit élevée et déversée dans les grands canaux supérieurs, que tes écluses attentives régissent les fleuves et l'Océan, que ton armée d'ingénieurs vérifie tous les joints de la grande mécanique, et que, pareils à des insectes infatigables, tes ouvriers reconstruisent chaque jour ce (qu'a détruit) chaque nuit.

Georges Duhamel, Géographie cordiale de l'Europe ; *Suite hollandaise*, Éd. du Mercure de France

a) *Que la tempête le ménage !*
b) *La crainte.*
c) *Au mode subjonctif.*
d) *Les verbes sont les noyaux de propositions subordonnées introduites par que et dépendant du verbe falloir de la principale.*
e) *Au mode indicatif.*
f) *Il exprime une action certaine.*

Exercice 4

…tes moulins tourneraient, sans arrêt l'eau serait élevée et déversée dans les grands canaux supérieurs, tes écluses attentives régiraient les fleuves et l'Océan, ton armée d'ingénieurs vérifierait tous les joints de la grande mécanique et, pareils à des insectes infatigables, les ouvriers reconstruiraient chaque jour ce qu'a détruit…

a) *au mode conditionnel.*
b) *il exprime des actions soumises à une condition.*

7 Expression écrite La formation des verbes (p. 12)

Exercice 1

	Radical	Suffixe	Définition
Fertiliser	*fertil*	*iser*	*fertiliser une terre c'est la rendre fertile.*
Remédier	*reméd*	*ier*	*remédier à une situation c'est y apporter un remède.*
Rougir	*roug*	*ir*	*rougir c'est devenir rouge.*
Commercialiser	*commercial*	*iser*	*commercialiser un produit c'est le faire entrer dans le circuit du commerce.*
Économiser	*économ*	*iser*	*économiser c'est faire des économies.*
Sonoriser	*sonor*	*iser*	*sonoriser une pièce c'est la rendre sonore.*
Amplifier	*ampl*	*ifier*	*amplifier c'est rendre plus ample.*
Planifier	*plan*	*ifier*	*planifier c'est organiser les prévisions dans un plan.*
Pâlir	*pâl*	*ir*	*pâlir c'est devenir pâle.*
Fortifier	*fort*	*ifier*	*fortifier c'est rendre fort.*

Exercice 2

Préfixes	Noms et adjectifs	Suffixe	Verbes
Ex : ar	rond	ir	arrondir
as	sain	*ir*	*assainir*
en	terre	*er*	*enterrer*
a	mer	*rir*	*amerrir*
em	magasin	*er*	*emmagasiner*
af	faible	*ir*	*affaiblir*
en	riche	*ir*	*enrichir*
ap	pauvre	*ir*	*appauvrir*
dé	colle	*er*	*décoller*
a	noble	*ir*	*anoblir*
em	bouteille	*er*	*embouteiller*
dé	coupable	*iser*	*déculpabiliser*

Exercice 3

Crier : *criailler.*
Mâcher : *mâchonner.*
Rêver : *rêvasser.*
Vivre : *vivoter.*

8 Vocabulaire La formation des adjectifs (p. 13)

Exercice 1

Verbe	Adjectif
Périr	*périssable*
Lire	*lisible*
Faire	*faisable*
Charmer	*charmant*
Inventer	*inventif*
Ravir	*ravissant*
Gagner	*gagnable*

Verbe	Adjectif
Exiger	*exigible*
Palper	*palpable*
Briller	*brillant*
Accéder	*accessible*
Resplendir	*resplendissant*
Séduire	*séduction*
Consommer	*consommable*

Exercice 2

1 - Un enfant *qui a du courage.*
2 - Une maison *où s'étale le luxe.*
3 - Un savoir *fondé sur les livres.*
4 - Un cabinet *de médecin.*
5 - Une fleur *de printemps.*
6 - Un chauffeur *plein de fantaisie.*

7 - Un paysage *de la nature.*
8 - Un caractère *d'enfant.*
9 - Un régime *qui concerne les aliments.*
10 - Des frais *relatifs à un séjour en hôpital.*

Exercice 3

1 - Une banque *monégasque* est une banque de *Monaco.*
2 - Les taxis *londoniens* sont de *Londres.*
3 - Une chanteuse *canadienne* est une chanteuse du *Canada.*
4 - L'équipe de football *carolomacérienne* est celle de *Charleville-Mézières.*
5 - La forêt *jurassienne* couvre le *Jura.*
6 - La douceur *angevine* est celle de l'*Anjou.*
7 - La population *madrilène* désigne les habitants de *Madrid.*
8 - Les pistes *alpines* concernent le massif des *Alpes.*

9 Grammaire L'adverbe (p. 14-15)

Exercice 1

Nattée à l'alsacienne, deux petits rubans voletant au bout de mes deux tresses, la raie au milieu de la tête, bien enlaidie avec mes tempes découvertes et mes oreilles trop loin du nez, je montais parfois chez ma sœur aux longs cheveux. À midi, elle lisait déjà, le grand déjeuner finissant à onze heures. Le matin, couchée, elle lisait encore. Elle détournait à peine, au bruit de la porte, ses yeux noirs mongols, distraits, voilés de roman tendre ou de sanglante aventure.

Colette, *La Maison de Claudine*, Éd. Hachette, 1960

Exercice 2

1 - *adjectif.*
2 - *adverbe.*
3 - *adverbe.*
4 - *adverbe.*
5 - *adverbe.*
6 - *adjectif.*
7 - *adjectif.*
8 - *adjectif.*

Exercice 3

Dès que nous arrivions, le «propriétaire» me confiait *d'abord* au berger des ânes que je chevauchais pendant des heures, *puis* à l'omnibus traîné par quatre chèvres, *puis* au patron du toboggan : je savais que ces largesses ne lui coûtaient rien, puisque tout le parc lui appartenait, mais je n'en étais pas moins *très* reconnaissant, et j'étais fier d'avoir un ami *si* riche, et qui me prouvait un *si* parfait amour.

M. Pagnol, *La Gloire de nom père*, Éd. Bernard de Fallois

Exercice 5

1 - Au moment où je m'y attendais <u>le moins</u>, [...] je découvris un peu plus bas notre maison. *Sup i*

2 - <u>Le plus</u> étonnant c'est qu'il ne s'appelait pas Jules. *Sup S*

3 - Sous un feutre raidi par la crasse, deux sourcils roux, <u>aussi</u> gros <u>que</u> des épis de seigle. *C. E.*

4 - Je crois qu'il eut ce jour-là <u>la plus</u> grande joie, <u>la plus</u> grande fierté de sa vie. *Sup S*

5 - Il y eut une dernière côte <u>aussi</u> rude <u>que</u> la première. *C. E.*

6 - Il est rudement content d'être <u>plus</u> fort <u>que</u> Papa. *C. S.*

Exercice 6

Temps	Manière	Degré	Lieu	Négation
hier	*cul par-dessus*	*fort*	*au travers*	*ne - pas*
enfin	*tête*	*bien*	*par-dessus*	
en même temps		*encore plus*	*par-dessus*	
encore	*miraculeusement*	*si (bien)*		

10 Expression écrite La description (p. 16-17)

Exercice 1

a) *les iris sauvages.*

b) *<u>fragilité</u> et <u>force</u> des iris sauvages.*
<u>fragilité des iris sauvages :</u> fleurissent à ras de terre ; pétales délicats ; petits iris ; pétales fragiles ; si précieux sur un sol si infertile, délicats comme ils sont.
<u>force des iris sauvages :</u> sortent hardiment des terres caillouteuses et dures ; leur pointe qui fend le sol et écarte les pierrailles ; surgissent les feuilles ; forment tranquillement leurs boutons ; les longs pétales s'enroulent, bien serrés, comme le tissu d'un parapluie ; ils ont pris possession d'un sommet de colline ; la force avec laquelle ils ont percé le sol... puissance du printemps.

c) *Les deux caractères opposés provoquent la surprise et l'admiration du narrateur. Ce qui émeut... ; On pousse un petit cri de surprise ; On est si fasciné qu'on le regarde de tout près ; On est comme saisi... infertile.*

Exercice 2

a) *Comme les jonquilles... ; presque aussi grosse que celles des iris cultivés ; bien serrés, comme le tissu d'un parapluie.*

b) *l'or de ces pétales délicats.*

c) *L'idée directrice de la description tient dans le caractère insolite de la conjugaison de la force et de la fragilité des iris sauvages. Cette force liée à cette fragilité, est une illustration de la puissance de la nature au printemps exprimée dans la dernière phrase.*

11 Grammaire
Le sujet et l'attribut du sujet (p. 18-19)

Exercice 1

Le cheval de d'Artagnan

Notre jeune homme *avait* une monture, et cette monture *était* même si remarquable qu'elle *fut remarquée* : c'était un bidet du Béarn, âgé de douze ou quatorze ans, jaune de robe, sans crins à la queue, et qui, tout en marchant la tête plus bas que les genoux, *faisait* encore également ses huit lieues par jour.

Malheureusement, les qualités de ce cheval étaient si bien cachées que l'apparition du susdit bidet a Meung, où il *était entré, produisit* une sensation dont la défaveur *rejaillit* jusqu'à son cavalier.

D'Artagnan ne *se cachait* pas le côté ridicule que lui *donnait*, si bon cavalier qu'il *fût*, une pareille monture ; aussi, *avait*-il fort *soupiré* en acceptant le don que lui en *avait fait* M. d'Artagnan père.

Alexandre Dumas, *Les trois Mousquetaires*

Exercice 2

1 - *Le peuplier et le saule poussent près des cours d'eau.*
2 - *Un fromage ou un dessert sucré termine le repas.*
3 - *Rien ni personne ne saura le retenir.*

Exercice 3

1 - Anne et Caroline *sont venues* nous voir hier.
2 - Thomas et moi *reviendrons* vous donner des nouvelles.
3 - Anne et Thomas nous *montreront* de belles photos de leur voyage.
4 - Nous *retrouverez*-vous dans cette foule ?
5 - Nous vous *attendrons* sur la place du village.
6 - nous ne nous *retrouvions* que le samedi soir.
7 - Depuis, j'*ai appris* bien des choses.
8 - Tu *es sorti(e)* te promener sur la plage.

Exercice 4

1 - *Sans doute a-t-il oublié de te répondre.*
3 - *Plus dure sera la chute.*
4 - *Sur les toits tombait la neige.*

Exercice 5

1 - C'est *lui* qui est arrivé le dernier.
2 - C'est *nous* qui sommes dans le vrai.
3 - C'est *toi* qui es un mauvais équipier.
4 - C'est *moi* qui ai pris le meilleur départ.
5 - Ce sont *eux* qui ont retrouvé la cachette.

Exercice 6

Son casque était…
Son ceinturon semblait…
Son pantalon paraissait…

Exercice 7

1 - Cette pièce de théâtre *est* passionnante.
2 - Vers la fin de l'été, les orages *deviennent* vraiment menaçants dans cette région.
3 - Le champion du monde de l'année dernière *reste* le meilleur en ce début de saison.
4 - Les résultats publiés *semblent* moins mauvais qu'on pouvait le craindre.
5 - Le grand poulain noir *paraît* plus calme depuis quelques jours.

Exercice 8

On ne peut pas employer un autre des verbes de la liste. Les phrases ne fonctionnent qu'avec un verbe attributif.

12 Vocabulaire La formation des adverbes (p. 20)

Exercice 1

Adjectif au masculin	Adjectif au féminin	+ ment
Ex : Vif →	Vive →	Vivement
Heureux	*heureuse*	*heureusement*
Fou	*folle*	*follement*
Franc	*franche*	*franchement*
Doux	*douce*	*doucement*
Naturel	*naturelle*	*naturellement*
Mou	*molle*	*mollement*
Joyeux	*joyeuse*	*joyeusement*
Foncier	*foncière*	*foncièrement*
Nul	*nulle*	*nullement*
Cordial	*cordiale*	*cordialement*
Final	*finale*	*finalement*
Net	*nette*	*nettement*
sage	*sage*	*sagement*

Exercice 2

Savant →	*savamment*	Plaisant →	*plaisamment*
Intelligent	*intelligemment*	Puissant	*puissamment*
Vaillant	*vaillamment*	Abondant	*abondamment*
Prudent	*prudemment*	Patient	*patiemment*
Élégant	*élégamment*	Méchant	*méchamment*
Apparent	*apparemment*	Insolent	*insolemment*
Violent	*violemment*	Étonnant	*étonnamment*

EXERCICE 3

Aisé →	*aisément*	Uniforme →	*uniformément*
Goulu	*goulûment*	Obstiné	*obstinément*
Assidu	*assidûment*	Commun	*communément*
Commode	*commodément*	Dû	*dûment*
Précis	*précisément*	Continu	*continûment*
Éperdu	*éperdument*	Énorme	*énormément*
Cru	*crûment*	Obscur	*obscurément*
Bref	*brièvement*	Traître	*traîtreusement*

13 Vocabulaire
Les champs lexicaux (p. 21)

EXERCICE 1

Légende : ——— bleu ; - - - - - - rouge.

a et b) Bientôt nous plongerons dans les froides ténèbres ;
Adieu, vive clarté de nos étés trop courts !
J'entends déjà tomber avec des chocs funèbres
Le bois retentissant sur le pavé des cours.

Tout l'hiver va rentrer dans mon être : colère,
Haine, frissons, horreur, labeur dur et forcé,
Et, comme le soleil dans son enfer polaire,
Mon cœur ne sera plus qu'un bloc rouge et glacé.

J'écoute en frémissant chaque bûche qui tombe ;
L'échafaud qu'on bâtit n'a pas d'écho plus sourd.
Mon esprit est pareil à la tour qui succombe
Sous les coups du bélier infatigable et lourd.

Il me semble, bercé par ce choc monotone,
Qu'on cloue en grande hâte un cercueil quelque part.
Pour qui ? – C'était hier l'été ; voici l'automne !
Ce bruit mystérieux sonne comme un départ.

Baudelaire, *Les Fleurs du mal*

c) *les froides ténèbres ; son enfer polaire ; chaque bûche qui tombe.*

EXERCICE 2

a et b) L'orage

Il tonna toute la nuit. Le tonnerre gronda vraiment, sans se ménager. Il couvrait de ses roulements sombres toute la campagne. Les éclairs s'ouvraient et se fermaient comme des ciseaux de feu. La foudre tomba sur un pin qui craqua et s'abattit. La maison tremblait. Le sous-sol en ses profondeurs répercutait les grondements. Enfoui sous mes couvertures, je pensais à la rivière.
Sous la flamme bleue des éclairs elle devait luire sinistrement.

La pluie vint dans le vent, en biais, et fouetta la maison qui se mit à gémir du haut en bas, sous la fureur de l'averse. L'orage dura jusqu'au matin. Alors, il s'éloigna en grommelant. Le soleil perça un nuage et d'un grand revers de lumière il illumina l'étendue des champs. Il fallut trois grands jours de chaleur pour sécher le sol.

Henri Bosco, *L'Enfant et la rivière*, Éd. Gallimard

14 Grammaire Les compléments du verbe (p. 22-23)

Exercice 1

1 - Étienne a ramassé ses outils *(GN)*
2 - Ce sont des assiettes et je les ai emballées dans de la paille *(Pr)*
3 - Le jeune homme crut que le moment était venu *(Prop)*
4 - Le champion espère s'échapper dans la descente *(Vlinf)*
5 - Les bottes que j'ai achetées sont très souples *(Pr)*
6 - Ce malfaiteur a encore échappé à la justice *(GN)*

Exercice 2

Légende : ——— bleu ; ------ rouge.
J'ai erré dans l'appartement. Il était *commode* quand maman était là. Maintenant il *est trop grand pour moi* et j'ai dû transporter dans ma chambre *la table de la salle à manger*... Un peu plus tard, pour faire *quelque chose*, j'ai pris *un vieux journal* et je *l'*ai lu. J'y ai découpé *une réclame des sels Kruschen* et je *l'*ai collée dans un vieux cahier où je mets *les choses qui m'amusent dans les journaux*. Je me suis ensuite lavé *les mains* et, pour finir, je me suis mis au balcon. Ma chambre donne sur la rue principale du faubourg. L'après-midi était *beau*.

Albert Camus, *L'Étranger*, Éd. Gallimard

Exercice 3

L'adversaire a compris ma stratégie.
L'accusé a construit une défense solide.
Nous découvrirons bientôt le pot aux roses.

Exercice 4

Ce détail a échappé à la vigilance.
Le chien obéissait mal à son maître.
En montagne, je me méfie toujours du mauvais temps.

Exercice 5

Pierre a apporté un cadeau à sa mère.
Mon ami m'a expliqué le fonctionnement de l'appareil.
Les gendarmes ont rendu à mon père les objets volés.

Exercice 6

1 - L'orchestre a joué un tango ;
L'orchestre a joué un tango ; Hélène l'a dansé.

2 - Romain a rencontré Pauline ;
Romain a rencontré Pauline ; il ne lui a rien dit.
3 - Cécile avait perdu une clé ;
Cécile avait perdu une clé ; elle ne l'avait plus jamais retrouvée.

Exercice 7

1 - L'orchestre a joué un tango ;
L'orchestre a joué un tango qu'Hélène a dansé.
2 - Romain a rencontré Pauline ;
Romain a rencontré Pauline à qui (à laquelle) il n'a rien dit.
3 - Cécile avait perdu une clé ;
Cécile avait perdu une clé qu'elle n'avait plus jamais retrouvée.

Exercice 8

Marie m'a appris un jeu. Il fallait, [en nageant], boire à la crête des vagues, accumuler [dans sa bouche] toute l'écume et se mettre [ensuite] [sur le dos] [pour la projeter contre le ciel.] Cela faisait [alors] une dentelle mousseuse qui disparaissait [dans l'air] ou me retombait [en pluie tiède] [sur le visage]. Mais [au bout de quelque temps], j'avais la bouche brûlée par l'amertume du sel.

Albert Camus, *L'Étranger*, Éd. Gallimard

Exercice 9

1 - Alexandre parlait *doucement.*
2 - La voiture accélérait *puissamment.*

15 Expression écrite L'explication des mots (p. 24-25)

Exercice 1

1 - La France et l'Allemagne ont signé un *(traité)* d'alliance.
2 - Elle a ce matin un air *(drôle).*
3 - Il avait *(volé)* une boîte de bonbons.
4 - Malgré sa grande pauvreté, il porte toujours des vêtements *(convenables).*
5 - Il *(peint)* le mur d'une peinture gaie.
6 - La bataille fut *(terrible).*
7 - Il était *(d'un caractère)* morose.

Exercice 4

1 - *chronomètre ; chronologie.*
2 - *hippodrome ; hippocampe.*
3 - *dynamisme ; dynamomètre.*
4 - *technocrate ; technologie.*
5 - *télégramme ; télévision.*
6 - *aéroport ; aéronautique.*
7 - *fleuriste ; floraison.*
8 - *polygone ; polyphonie.*

Exercice 5

1 - *cantonal ; cantonnier.*
2 - *donateur ; donneur.*
3 - *déshonneur ; honorable.*
4 - *monnayer ; monétaire.*
5 - *sonorité ; sonnerie.*
6 - *bonté ; débonnaire.*
7 - *patronal ; patronner.*
8 - *tonique ; étonner.*
9 - *millionième ; millionnaire.*

16 Grammaire L'adjectif qualificatif – le complément de détermination (p. 26-27)

Exercice 1

Texte 1 :

Pelléas avait un grand front bombé et puissant [...] et sous un petit nez noir et ramassé comme une affirmation mécontente, de larges babines pendantes et symétriques faisaient de sa tête une sorte de menace massive, obstinée, pensive et triangulaire. Il était beau comme un monstre naturel.

Maurice Maeterlinck, «Pelléas» *Le Double Jardin*, Éd. Fasquelle

Texte 2 :

Ah ! Gringoire, qu'elle était jolie la petite chèvre de monsieur Seguin ! Qu'elle était jolie avec ses yeux doux, sa barbiche de sous-officier, ses sabots noirs et luisants, ses cornes de zèbres et ses longs poils blancs qui lui faisaient une houppelande !

Alphonse Daudet, «La chèvre de monsieur Seguin », *Les Lettres de mon moulin*

Texte 3 :

C'était une belle mule noire mouchetée de rouge, le pied sûr, le poil luisant, la croupe large et pleine, portant librement sa petite tête sèche toute harnachée de pompons, de nœuds.

Alphonse Daudet, «La Mule du Pape», *Les Lettres de mon moulin*

Exercice 2

Une exposition de linge de maison dans un grand magasin au XIXe siècle.

On retrouvait le blanc des vitrines du dehors, mais avivé, colossal, brûlant d'un bout à l'autre de l'énorme vaisseau, avec la flambée blanche d'un incendie en plein feu. Rien que du blanc, tous les articles blancs de chaque rayon, une débauche de blanc, un astre blanc dont le rayonnement fixe aveuglait d'abord, sans qu'on pût distinguer les détails, au milieu de cette blancheur unique.

Émile Zola, *Au Bonheur des Dames*

Exercice 3

a) Quand j'arrive, le prince est déjà installé sur un petit trône couvert d'une peau de léopard. Il est tout petit, tout petit avec un costume de soie brun chaudron et jaune d'or et dans ce petit nid sur ce petit trône avec sa peau brune et ses yeux un peu bridés, il ressemble à un génie des contes de fées. C'est absurde, ridicule, drôle, gentil, je ne sais quoi... on ne voit de ces tableaux-là que dans les gravures illustrant les Mille et Une Nuits ou autres histoires fantastiques.

Alexandra David-Neel, *Journal de Voyage 1*, Éd. Plon

b) *Ils sont tout petits, tout petits avec des costumes de soie brun chaudron et jaune d'or et dans ces petits nids, sur ces petits trônes avec leur peau brune et leurs yeux un peu bridés…*

Certains adjectifs sont restés au singulier *parce qu'il y a deux mots pour désigner la même couleur.*

Exercice 4

Au loin, elle apercevait des angles de galeries latérales, comme du haut des charpentes d'un clocher on distingue des coins de rues voisines, où remuent les taches noires des passants.

Émile Zola

Exercice 5

1 - Je prends le train *pour Paris.*
2 - Les familles attendent l'avion *de Singapour.*
3 - Les spectateurs ont poussé des cris *d'enthousiasme*
4 - J'aime les glaces *à la vanille*
5 - Le voisin construit un mur *de séparation.*

Exercice 6

1 - *ferroviaires.*
2 - *soyeuse – N'indique pas la matière mais la qualité.*
3 - *lavable – N'a pas le même sens – lavable : qui peut être lavé.*
4 - *estivale.*
6 - *terreux – N'indique pas le contenu du camion mais son aspect.*
7 - *familiale.*
8 - *pierreuse – Indique l'aspect et non la matière.*

17 Vocabulaire Mots et images (p. 28)

Exercice 1

a)

Comparés	Mots-outils	Comparants	Points communs
Panturle	*on dirait*	*un morceau de bois*	*énorme*
sa chemise	*comme*	*une écorce*	*en lambeaux*
une grande lèvre	*comme*	*un poivron rouge*	*épaisse – difforme*
Sa figure	*comme*	*un gros navet*	*pointue et pâle*
des yeux	*comme*	*des prunes*	*ronds – veloutés – luisants*

b) **1** - *C'est un arbre.*
2 - *Un long nez en pierre lisse.*

Exercice 2

1 - Cette eau était amère comme *du fiel de mouton.*
2 - Il passe dans le vent un corbeau tout éperdu, roulé comme *une feuille morte.*
3 - La table est dans le coin, toute luisante, toute lavée comme *une grande roche.*
4 - [...] et de sa mie qui est rousse, on tire parfois une longue paille droite et étincelante comme *un rayon de soleil.*
5 - *Aubignane* est collé contre le tranchant du plateau comme *un petit nid de guêpes*

D'après J. Giono, *Regain*, Éd. Grasset.

Exercice 3

tel, semblable à...

18 Vocabulaire Les sonorités (p. 29)

Exercice 1

Chanson d'automne

Les sanglots longs
Des violons
De l'automne
Blessent mon cœur
D'une langueur
Monotone.

Tout suffoquant
Et blême, quand
Sonne l'heure
Je me souviens
Des jours anciens
Et je pleure ;

Et je m'en vais
Au vent mauvais
Qui m'emporte
Deçà, delà,
Pareil à la
Feuille morte.

Paul Verlaine, *Poèmes saturniens*

a) *L'assonance en [ɑ̃] évoque le bruit du vent lorsqu'il est violent. L'impression est plutôt désagréable.*
b) *Vais ; vent ; mauvais. L'allitération évoque, elle aussi, le bruit du vent lorsqu'il souffle violemment.*

Exercice 2

...Quoiqu'en aucun pays, du reste, huit heures et demie ne soient une heure indue et tardive, la pluie qui était tombée, ce jour-là, sans interruption, la nuit, — on était en décembre —, et aussi les mœurs de cette petite ville, indolente et bien close, expliquaient la solitude de la place des Capucins et pouvaient justifier l'étonnement du bourgeois rentré, qui peut-être, accoté sous ses contrevents strictement fermés, entendait de loin ces deux sabots, grinçants et haletants sur le pavé humide et au son desquels un autre bruit vint impétueusement se mêler.

Jules Barbey d'Aurevilly, *Le Chevalier Des Touches*

a) *L'assonance en [ɑ̃] évoque le bruit des sabots du passant attardé sur le pavé de la rue, dans le silence de la nuit.*
b) *Il sentit d'abord la fraîcheur, puis le froid, un froid affreux : en quelques minutes, il fut frigorifié.*

19 Grammaire Phrase simple, phrase complexe (p. 30-31)

Exercice 1

1 - *(S)*
2 - *(C)*
3 - *(C)*
4 - *(S)*
5 - *(C)*

Exercice 2

L'homme lança la remorque	et	*la péniche s'éloigna doucement.*
Le bateau avait peut-être coulé	ou bien	*les pirates l'avaient pris à l'abordage.*
Dans la gare beaucoup gens attendaient	mais	*aucun train ne s'arrêtait plus.*

Exercice 3

1 - Nous allons faire démolir ce mur *car* nous en avons eu l'autorisation.
2 - L'entraîneur ne voulait pas qu'on arrive en retard *ni* qu'on ne suive pas la séance jusqu'au bout.
3 - On peut apprivoiser les merles *mais* c'est difficile.
4 - Nous sommes très bien rentrés ; *or (mais)* il y avait du brouillard.
5 - Tu iras acheter le journal *et (puis)* tu passeras chez le cordonnier.

Exercice 4

1 - Je m'en vais et *je ne reviendrai pas avant plusieurs jours.*
2 - Je m'en vais car *je suis attendu.*
3 - Je m'en vais, ou bien *j'accepte votre invitation pour la nuit.*
4 - Je m'en vais, mais *je reviendrai demain.*
5 - Je m'en vais ; or *il aurait été préférable que je reste.*

Exercice 5

1 - Les Parisiens ne pouvaient plus gagner : ils avaient encaissé trop de buts.
2 - Le gardien comprit la manœuvre ; il sortit rapidement, plongea dans les pieds de l'adversaire.
3 - Le match s'annonçait difficile ; nous étions fatigués par les dernières rencontres.
4 - Dès le deuxième but, nous avions compris, hélas ! la partie était perdue.
5 - Le rôle du « milieu de terrain » est de distribuer le ballon ; celui des avants de marquer.

Exercice 6

1 - Tu as été reconnu ; *Tu peux dire ton nom.*
2 - Le fuyard sauta le ruisseau, *s'enfuit dans la forêt.*
3 - Nous avons été bien étonnés de le rencontrer : *nous le croyions en Italie.*
4 - J'ai compris : *je ne dois pas compter sur toi.*
5 - La pluie va bientôt tomber, *il faut se hâter de rentrer.*

Exercice 7

1 - *Un boeing a été détourné ce matin, à Bagdad.*
2 - *Les négociations sur la paix au Moyent-Orient reprennent.*
3 - *La tendance se retourne sur le marché monétaire.*
4 - *Les rugbymen français ont perdu à Cardiff.*

Exercice 8

1- *Retour au calme en banlieue Nord.*
2 - *Préparation des prochains Jeux olympiques.*
3 - *Évasion d'un détenu de la prison de Fresnes.*
4 - *Arrêt des combats sur le front de la guérilla colombienne.*

20 Expression écrite Le dialogue (p. 32-33)

Exercice 1

Légende : ——— bleu ; - - - - - - rouge.

a, c et d) L'inspecteur Leroy venait d'entrer. Il eut la respiration coupée quand Maigret lui dit de sa voix la plus naturelle :
«Dites-donc, vieux ! Vous seriez bien gentil de conduire le docteur à la gendarmerie... Discrètement ! ... Inutile de lui passer les menottes... Vous l'écrouerez, tout en veillant à ce qu'il ne manque de rien...
– C'est de la folie pure ! balbutia le docteur. Je n'y comprends rien... Je... C'est inouï !... C'est infâme !...
| – Parbleu ! grommela Maigret, parbleu !»
Et, se tournant vers le maire :
«Je ne m'oppose pas à ce qu'on continue à chercher votre vagabond... Cela amuse la population... Peut-être même est-ce utile... Mais n'attachez pas trop d'importance à sa capture... Rassurez les gens...
– Vous savez que quand on a mis la main sur lui, ce matin, on l'a trouvé porteur d'un couteau à cran d'arrêt ?...
| – Ce n'est pas impossible...»
Maigret commençait à s'impatienter. Debout, il endossait son lourd pardessus à col de velours, brossait de la manche son chapeau melon.
«À tout à l'heure, monsieur le maire... Je vous tiendrai au courant...»

D'après G. Simenon, *Le Chien jaune*, © G. Simenon

b) *Quatre personnages participent au dialogue.*
e) *... ! grommela Maigret, ...*

Exercice 2

Maigret avisa une porte monumentale, surmontée d'un drapeau et des mots : «Gendarmerie Nationale».
Dans un bureau, l'inspecteur Leroy discutait avec un brigadier.
«Le docteur ?... questionna Maigret.

– Justement ! le brigadier ne voulait rien entendre pour ce qui est de laisser venir les repas du dehors...
– Ou alors, c'est sous votre responsabilité ! dit le brigadier à Maigret. Et je vous demanderai une pièce qui me serve de décharge...»
La cour était calme comme un cloître.
«Où est-il ?
– Là-bas, à droite... Vous poussez la porte... C'est ensuite la deuxième porte dans le couloir...»
Maigret se gratta le menton.

Exercice 3

Apercevant un étranger dans sa maison, Harpagon bondit en s'écriant :
« Hors d'ici tout à l'heure, et qu'on ne réplique pas ! Allons, que l'on détale de chez moi, maître juré filou, vrai gibier de potence ! »
Surpris, La Flèche murmura, comme en lui-même :
« Je n'ai jamais rien vu de si méchant que ce maudit vieillard, et je pense, sauf correction, qu'il a le diable au corps.
– Tu murmures entre tes dents ?
– Pourquoi me chassez-vous ?
– C'est bien à toi, pendard, à me demander des raisons ! s'écria Harpagon exaspéré. Sors vite, que je ne t'assomme. »
L'autre se rebiffa.
« Qu'est-ce que je vous ai fait ?
– Tu m'as fait, que je veux que tu sortes.
– Mon maître, votre fils, m'a donné ordre de l'attendre. »
Harpagon l'envoya attendre dans la rue.
« Et ne sois point dans ma maison, planté tout droit comme un piquet, à observer ce qui se passe et faire ton profit de tout. »

21 Grammaire La proposition subordonnée (p. 34-35)

Exercice 1

1 - La victime affirme que *son agresseur lui est inconnu.*
2 - Isabelle savait que *la tâche était longue et dure.*
3 - Tous ses amis souhaitent que *son aventure se termine bien.*

Exercice 2

1 - Le propriétaire exige que nous *partions* immédiatement.
2 - Nous souhaitons tous que tu *reviennes* rapidement parmi nous.
3 - Ophélie m'a dit qu'elle *reprendrait* son travail en septembre.
4- Tu veux bien que je *connaisse* ton secret.
5 - Notre comité pense que vous *devez* accepter notre participation.

EXERCICE 3

1 - Les malfaiteurs ont avoué *qu'*ils avaient déjà cambriolé une bijouterie.
2 - J'aimerais savoir *pourquoi* ce document n'a pas été enregistré.
3 - On ignore *si* les deux adversaires se sont rencontrés.
4 - Pouvez-vous nous dire *comment* se comporte votre nouveau pensionnaire.
5 - Je me demande *où* il a bien pu cacher son magot.
6 - Nous voudrions bien savoir *quand* vous vous déciderez à tenir vos engagements.

EXERCICE 4

1 - Quelqu'un m'a dit : « Vous pouvez revenir demain. »
Quelqu'un m'a dit que je pouvais revenir le lendemain.
2 - Quelqu'un m'a demandé : « Pouvez-vous revenir demain. »
Quelqu'un m'a demandé si je pouvais revenir le lendemain.
3 - Sa mère m'a demandé : « Où passez-vous vos vacances ? »
Sa mère m'a demandé où je passais mes vacances.
4 - Je lui ai demandé : « Comment comptes-tu rentrer, ce soir ? »
Je lui ai demandé comment il (elle) comptait rentrer ce soir-là.

EXERCICE 5

Peu après, le patron m'a fait appeler. Il m'a déclaré qu'il allait me parler d'un projet encore vague. Il voulait seulement avoir mon avis sur la question. Il avait l'intention d'installer un bureau à Paris qui traiterait ses affaires sur la place et il voulait savoir si j'étais disposé à y aller. Cela me permettrait de vivre à Paris et aussi de voyager une partie de l'année. « Vous êtes jeune, et il me semble que c'est une vie qui doit vous plaire. » J'ai dit que oui mais que dans le fond cela m'était égal. Il m'a demandé alors si je n'étais pas intéressé par un changement de vie. J'ai répondu qu'on ne changeait jamais de vie, qu'en tout cas toutes se valaient et que la mienne ici ne me déplaisait pas du tout.

D'après A. Camus, *L'Étranger*, Éd. Gallimard

EXERCICE 6

1 - Le champion voyait son concurrent se rapprocher.
2 - Le cerf entendait aboyer les chiens.
3 - L'entraîneur interdit à Jérémie de boire de l'alcool.
4 - C'est le chat qui empêchait l'oiseau de sortir.
5 - Hélène voyait ses chances s'envoler.

EXERCICE 7

1 - Le livre *que* Pauline lisait est passionnant.
2 - Jérémie, *qui* vient d'arriver, n'est au courant de rien.
3 - Émilie est l'institutrice *dont je vous ai parlé.*
4 - L'eau *que tu vas utiliser* doit être bien chaude.
5 - Alexandre a lu le livre *auquel je fais allusion.*

EXERCICE 9

1 - Quand le chat n'est pas là, les souris dansent.
2 - Si les choses s'arrangent, Romain pourra rentrer chez lui dans deux mois ;
3 - En attendant que tout le monde soit là, nous allons préparer le travail de chacun.
4 - L'enfant, pour qu'on ne le reconnaisse pas, avait imaginé un déguisement.
5 - Je précise, pour qu'il n'y ait pas d'erreur à ce sujet, que je maintiens mon départ pour demain.

22 Vocabulaire
Le rythme et la mesure (p. 36)

Exercice 1

a) *Ces vers sont des octosyllabes (vers de 8 syllabes).*
b) *On doit compter le e muet de la cinquième syllabe (belle) car il n'est suivi ni d'une voyelle, ni d'un h muet.*

Exercice 2

La Frégate « La Sérieuse »

Qu'elle était belle,/ma Frégate,/
Lorsqu'elle voguait dans le vent !,/
Elle avait,/au soleil levant,/
Toutes les couleurs de l'agate,/

Alfred de Vigny (extrait)

a) *Nous remarquons un effet de symétrie : 5/3 – 8 – 3/5 – 8.*
b) *Cet effet de symétrie va dans le sens général du poème : la frégate semble marcher à la perfection. Sa coque, parfaitement réussie, lui permet d'avancer rapidement dans l'eau.*

Exercice 3

a) *Si le texte était en vers, on compterait dix syllabes pour chacune des trois premières phrases.*
b) *On peut supposer que le poète a cherché ici un effet de plénitude et d'harmonie.*

23 Vocabulaire
Strophes et poèmes (p. 37)

Exercice 1

a) Le poème ci-dessous comprend *4* **strophes.**
b) C'est un *sonnet.*
c) La première strophe est un *quatrain.*
d) La quatrième strophe est un *tercet.*
e) – Les rimes des deux premières strophes sont — suivies
– Les rimes des vers 9–10–11–12 sont — croisées
– Les rimes des deux derniers vers sont — embrassées

Exercice 2

a) **1 -** *11* **3 -** *8* **5 -** *17*
2 - *13* **4 -** *8* **6 -** *7*
b) *Pas de rime sauf une rime pauvre pour les vers 5 et 6.*
c) *Pas de ponctuation.*
d) *Des vers libres.*

24 Grammaire
L'expression de la cause et de la conséquence (p. 38-39)

Exercice 1

a-b) 1 - Le footballeur commit une faute *(1)*, il fut sanctionné par l'arbitre *(2)*.

2 - Elle a du temps pour lire *(2)*, car elle dort très peu *(1)*.

3 - Il n'y a plus de commandes *(1)*, c'est pourquoi l'usine est fermée *(2)*.

4 - Il a beaucoup neigé *(1)*, les skieurs s'en donnent à cœur joie *(2)*.

5 - Maryse est heureuse *(2)*, son équipe a gagné *(1)*.

6 - Elle est très serviable *(1)*, c'est pourquoi elle est appréciée dans le village *(2)*.

Exercice 2

	E	I
1		X
2	X	
3		X
4	X	
5	X	
6		X
7	X	

Exercice 3

1 -

a) Nous n'avons pas classe car c'est mercredi.

b) Nous n'avons pas classe parce que c'est mercredi.

c) C'est parce que c'est mercredi que nous n'avons pas classe.

2 -

a) Tous les villageois sont chez eux car il fait très chaud.

b) Tous les villageois sont chez eux parce qu'il fait très chaud.

c) C'est parce qu'il fait très chaud que tous les villageois sont chez eux.

3 -

a) Notre équipe a gagné car elle était bien préparée.

b) Notre équipe a gagné parce qu'elle était bien préparée.

c) C'est parce qu'elle était bien préparée que notre équipe a gagné.

Exercice 4

1 - Nous avons encore un long chemin à faire, il est *donc* préférable de faire une pause.

2 - Des travaux ont lieu pour élargir la route *c'est pourquoi* la circulation est ralentie.

3 - Les invités sont arrivés, la fête peut *donc* commencer.

4 - Pierre est passé chez son ami *c'est pourquoi* il n'est pas encore rentré.

5 - De nombreuses personnalités sont présentes à l'inauguration *c'est pourquoi* il y a tant de policiers.

6 - Il pleut, *par conséquent* le match est remis.

Exercice 5

1 - Les voitures neuves sont maintenant sûres et confortables *de sorte qu'*on s'y sent bien.

2 - Maryse est *si* sérieuse *qu'*elle réussira sûrement.

3 - Il est passionné de cinéma *au point qu'*il voit un film tous les jours.

4 - Les progrès de la médecine sont *tels que* certaines maladies ont disparu du globe.

5 - Il a *tant* à faire *qu'*il ne sait par quoi commencer.

6 - Il est *si* rapide *que* personne ne peut le battre au sprint.

Exercice 6

1 - Le concerto est si beau qu'on ne se (lasser) *lasse* pas de l'écouter.

2 - Cette chanteuse est si sympathique que beaucoup de ses admirateurs (aimer) *aimeraient* lui ressembler.

3 - Telles étaient son adresse et sa technique qu'il (marquer) *marqua* trois buts à lui tout seul.

4 - Il va tellement vite qu'on ne (pouvoir) *peut* pas le suivre..

5 - Elle a tant travaillé qu'elle (être) *est* fatiguée.

6 - Cet acteur est tellement doué que beaucoup de jeunes (aimer) *aimeraient* lui ressembler.

25 Expression écrite L'argumentation (p. 40-41)

Exercice 1

a) *Les conducteurs doivent boucler leur ceinture et attacher les enfants sur des sièges spéciaux lors des trajets courts.*

b) *– Les situations de danger sont plus fréquentes en ville (donc sur les trajets courts de la vie quotidienne).*

– Deux accidents sur trois se produisent à moins de quinze kilomètres de son domicile (donc sur les trajets courts de la vie quotidienne).

c) *Ne pas boucler sa ceinture ni attacher les enfants sur des sièges spéciaux lors des trajets courts.*

d) *Les conducteurs peuvent objecter que ces trajets se font sur des itinéraires qu'ils connaissent parfaitement (« …que l'on connaît pourtant bien,… »).*

e) *… il est donc vivement recommandé de…*

Exercice 2

1er argument : *Les jeunes conducteurs ont, parce qu'ils sont jeunes, d'excellents réflexes.*

2e argument : *les jeunes conducteurs ont appris les techniques de conduite les plus récentes et donc celles qui paraissent les plus performantes.*

26 Grammaire
L'expression du but et de l'hypothèse (p. 42-43)

Exercice 1

1 - On aménage le carrefour *pour* éviter les accidents.
2 - C'est *pour* avoir une bonne situation qu'il travaille tant.
3 - *Afin de* perfectionner sa technique, elle prend des leçons de ski.
ou pour
4 - *Pour* bien profiter de ses vacances, il a étudié l'itinéraire en détail.
ou afin de

Exercice 2

1 - Elle s'entraîne quotidiennement. Elle espère être sélectionnée pour les Jeux olympiques.
Elle s'entraîne quotidiennement afin d'être sélectionnée pour les Jeux olympiques.
2 - Il nettoie ses outils. Il veut éviter la rouille.
Il nettoie ses outils de manière à éviter la rouille.
3 - Il se place dans le peloton. Il prépare le sprint final.
Il se place dans le peloton dans le but de préparer le sprint final.
4 - Les dirigeants des pays européens se réunissent. Ils veulent harmoniser leurs politiques.
Les dirigeants des pays européens se réunissent pour harmoniser leurs politiques.
5 - Les grandes puissances unissent leurs efforts. Elles veulent faire reculer le sida.
Les grandes puissances unissent leurs efforts en vue de faire reculer le sida.

Exercice 3

1 - C'est *pour être plus belle* qu'elle est allée chez le coiffeur.
2 - C'est *pour lui faire plaisir* que j'ai offert ce cadeau à mon père.
3 - C'est *pour s'acheter une voiture* qu'elle met de l'argent de côté.
4 - C'est *pour être tranquilles* qu'ils sont partis de bonne heure.

Exercice 4

1 - <u>En nous dépêchant</u>, nous arriverons juste pour l'ouverture.
2 - <u>Vous avez froid</u> ? Mettez votre manteau.
3 - <u>Plus appliquée</u>, elle réussirait sûrement.
4 - <u>Avec de bons outils</u>, il irait plus vite.
5 - <u>Si le temps se gâte</u>, nous rentrons.
6 - <u>À l'écouter</u> tout va toujours bien.
7 - <u>Sans enthousiasme</u>, on ne réussit rien.

EXERCICE 5

	Ind.	Cond.	Subj.
1 - En supposant qu'il (être) *soit* d'accord, il ne nous le dira pas tout de suite.			X
2 - Même si elle le (vouloir) *voulait* elle ne le pourrait pas.	X		
3 - Si vous (écouter) *avez écouté* les informations, vous connaissez le résultat du match.	X		
4 - Pour peu qu'il (pleuvoir) *pleuve* il ne sort pas.			X
5 - Quand bien même je (être) *serais* libre, je ne sortirais pas ce soir.		X	
6 - À ta place, je ne (répondre) *répondrais* pas.		X	
7 - Nous mangerons sur la terrasse s'il (faire) *fait* beau.	X		
8 - Nous mangerons sur la terrasse à condition qu'il (faire) *fasse* beau.			X
9 - S'il (faire) *faisait* beau, nous mangerions sur la terrasse.	X		

EXERCICE 6

1 - *S'ils avaient été en bois, les volets…*
2 - *S'il était bien entraîné il pourrait…*
3 - *S'il n'y avait pas l'intense circulation des véhicules, l'air…*
4 - *Si elle avait eu un peu de réflexion, elle aurait répondu…*
5 - *Si j'étais à sa place, je me reposerais dix minutes…*

27 Expression écrite Inventer la fin d'un texte (p. 44-45)

EXERCICE 2

a) – *Le narrateur, extérieur au récit, n'y participe pas.*
– **Les verbes sont au** *passé simple, imparfait, dans l'ensemble.*
– **Le registre de langue** *est soutenu.*

b) – *Pays : la Russie – Région : la Sibérie.*
– *Pendant la Révolution russe (peu après 1917).*
– *En hiver.*
– *Charlotte et Albertine sont les personnages principaux.*
– *Elles habitent dans une isba.*
– *Très pauvres, elles trouvent difficilement de quoi manger.*
– *Elles sont énergiques, généreuses.*

c) *Une femme emmène la petite tsigane.*

EXERCICE 3

– *Imparfait, passé simple.*
– *Extérieur au récit.*
– *Registre soutenu.*
– *Ce qu'il adviendra de la petite tsigane.*
– *Cette phrase ne tient pas compte des données du texte : indication de lieu erronée, caractère des personnages faux, registre de langue familier, anachronisme.*

28 Grammaire
L'expression de l'opposition (p. 46-47)

Exercice 1

	Opp. simple	Opp. vérit.
1	X	
2	X	
3		X
4	X	
5		X
6		X
7		X

Exercice 2

	Prépos.	Conj. de coord.	Conj. de sub.
1	X		
2			X
3		X	
4			X
5			X
6	X		
7			X

Exercice 4

1 - Il part quand il veut.
2 - Quand son frère dort il lit.
3 - Thomas est calme alors que sa sœur est agitée.
4 - Il s'en va alors que le soleil se couche.
5 - Pendant que son père nettoie sa voiture, Jean prépare son vélo.
6 - Pendant que nous t'attendrons, tu penseras à nous.

	Temps	Oppos.
1	X	
2		X
3		X
4	X	
5		X
6	X	X*

* Les deux sont possibles

Exercice 5

1 - Ce tableau vaut cher *quoiqu'il ne soit pas très beau à mon goût.*
2 - Martine a été sage *mais elle n'a pas mangé.*
3 - La musique est belle *cependant les paroles sont quelconques.*
4 - Il réussira *malgré sa paresse.*
5 - Elle est rapide *en dépit de son poids.*
6 - Il est toujours en retard *pourtant il n'habite pas loin.*

Exercice 6

1 - J'ai accepté ce travail *quoiqu'*il ne me plaise pas trop.
2 - *Quoi qu'*il fasse il est toujours en retard.
3 - Je participerai à l'excursion *quoique* le temps ne soit guère engageant.
4 - *Quoi qu'*elle dise, c'est elle qui a tort.
5 - *Quoi qu'*il ne s'entraîne pas souvent, il est toujours en bonne condition.
6 - *Quoi qu'*elle entreprenne, elle réussit toujours.
7 - *Quoi qu'*il advienne, elle n'abandonnera jamais.

Exercice 7

1 - *Quelque* rapide qu'elle soit, elle ne pourra remporter la finale.
2 - *Quel que* soit le temps, nous viendrons.
3 - *Quels que* soient les obstacles, elle s'efforce de les surmonter.
4 - L'objectif est exaltant *quelles que* soient les difficultés que nous allons rencontrer.
5 - *Quelque* rude que soit l'ascension, les alpinistes parviendront au sommet.
6 - *Quelle que* soit son habileté, elle aura du mal à s'en sortir.

NOTES

NOTES

NOTES

Sommaire

SNEL S.A.
rue Saint-Vincent 12 - 4020 Liège
tél. 32(0)4 343 76 91 - fax 32(0)4 343 77 50
octobre 1996

Imprimé en Belgique

N° d'éditeur : 10036685 -1 - (1,5) - OSBT - 80 - CUEILLE — Dépôt légal : octobre 1996